言語化力

言葉にできれば人生は変わる

三浦崇宏

もう何度も言われていることかもしれないが、
時代は変わった。いや、変わり続けている。

何を学べばいいのか、
どこにいけばいいのか、
転職か副業か、独立か成長か、自分をどう活かせばいいのか。
何を頼りにするべきか、
迷っている人も多いだろう。

こんな時代に、自分の道を切り拓くための道具がある。
それは分厚いキャリアガイド本でもなければ、
海外の大学で取得するＭＢＡでもない。
仮想通貨も、最先端のＡＩも、５Ｇも関係ない。
ぼくやあなたが今まさに使っている「言葉」だ。

誰でも簡単に意識せずに日常的に使っている「言葉」こそが、
あなたの価値を明確にし、あなたの願いを叶え、
あなたを成長させるたった一つの、
そして最強の武器だ。

あなたもきっと感じているように
「言葉」を取り巻く環境が変わってきている。

かつては社会に対して、不特定多数に対して発言できるのは、

「選ばれた人」だけだった。

だが、今は、望めば誰もが、より自由に発言できる時代になっている。

そこで必要なのは、

「自分の言葉で話せるかどうか」

そして、

「言葉で他者を動かすことができるかどうか」。

言葉を自分の思う通りに使えるようになれば、
あなたの言葉は、必ずあなたをあるべき場所に連れていってくれる。
人間関係をよりよくすることもできる。仕事も、前に進めてくれる。

そんな簡単にいくかって？　まずは最初の言葉を教えておこう。

「悲観は気分、楽観は意志」
アランというフランスの哲学者の言葉だ。

世界はだいたいあなたに厳しい。
だから、普通に生きていると、ついつい悲観的な気分にもなってしまう。
だが、世界のすべてに意味があると思い込んでみたら？
人生は必ずうまくいくようにできていると、信じてみたら？
少しだけ、毎日の見え方が変わってくるかもしれない。
つまらない仕事が自分の成長の糧に感じられるかもしれない。

こんな風に、思考を言葉で規定すること、
もっと言うと言葉で世界の捉え方を変えることで、
人生に向き合う姿勢まで変わってくる。
そんな、変化の時代を生き抜くための言葉の使い方がこの本には書いてある。
たんなる綺麗事じゃない。
ぼくが、一人の人間が、傷だらけになって、転がり続けて、
ようやく手に入れた、
そして今なお更新し続けている、実戦の手引書だ。
さぁ、あなたが慣れ親しんだ言葉の世界を乗り越えて、
行こう、その先へ。

はじめに

どうしてもよい言葉が思いつかない。

うまく頭の中が整理できない。

そんな経験は誰でもしたことがあるだろう。

しかし、ぼくらがやるべき仕事の一つは、「言葉にできないことを言葉にする」ことだったりする。

それは、自分の考えを表明することでもあるし、誰かとつながることでもある。

そして、いちばん大事なことは、言葉は「変化」をつくることができる、ということだ。

ぼくはThe BreakthroughCompany GO（ザ・ブレイクスルーカンパニー ゴー）という会社でクリエイティブディレクターという仕事をしている。クリエイティブディレクターというのは、従来は広告制作の責任者という意味で使われる言葉だったが、ぼくや、GOという会社でこの言葉を使うときはちょっと意味合いが違う。

それは、「アイデアの力で社会や企業の活動に変化を起こす専門家」という意味だ。

事実、ぼくはこれまでに何度もクリエイティブの力で変化を起こしてきた。ビジネスパーソンの間で『キングダム』という歴史長編漫画のブームを巻き起こした。「新聞広告の日」に朝日新聞の見開き30段に「左ききのエレン」という漫画を掲載した。この日、朝日新聞は街で売り切れ、ツイッターは爆発した。一つひとつの仕事は当然ぼく一人では成し遂げられない。チームのみんなで一丸となって向かうからこそ、大きな変化を生み出すことができる。

しかし、そのためには、どんな変化を起こすかを定義しないといけない。まだ誰も見たことがない、変化した後の新しい世界に、みんなで目指して進むためにはどうすればいいのか。


ここでも、言葉が機能する。

たとえば、会社なら「前年同月比何％アップ目標」と言われるだけでは、ただただ数字を積み上げるための変わらない毎日が続くだけだ。

でも何%アップさせるために「こんな変化を起こそう」「こんなことを目指そう」と目標を言葉で定義することができたら、そこには新しい世界が広がる。

ぼくの例に戻すと、『キングダム』は単なる漫画じゃない。「日本一売れているビジネス本」として再定義した。朝日新聞では「広告」ではなく「コンテンツ」として再定義することで、多くの人が喜んで手に取ってくれるようになった。

これらの変化のきっかけになっているのはいずれも言葉だ。誰も見たことがない新しい現実。誰もが見たいが、まだ訪れていない未来。それを形にして、共有し、みんなが目指せる目標に変えるのは、実は言葉が持つ最も優れた機能だ。しかも、言葉は原材料も資本金もいらない。あなたの心から、脳から、もしかしたら人生から生まれる、最もシンプルで、可能性に満ちた資源だ。

あるいは日常でも言葉があなたの目の前の風景を一瞬でガラッと変えてくれる。

たとえば、仕事において、撮影やイベントが台風で中止や延期に追い込まれることもある。そんなとき、ぼくは決まってこう言うのだ。

「いやー、嵐を呼ぶ男でして、すんません」

みんな、笑って少しだけ前向きになる。もちろん、うまく台風がそれたときにはこんな風に言う。

「やっぱりぼくは、天に愛されている」

まぁずいぶん勝手な話だ。実際にぼくが嵐を呼ぶ男なのか天に愛されている男なのか、そんなことは知ったこっちゃない。ただ、現実に目の前にある風景を、あるいはピンチを、どんな言葉で解釈するかによって気持ちの持ち方、チームの雰囲気、仕事への取り組み方が変わるということだ。望まない異動、ちょっとした失敗、それなりに大きな挫折、あるいは失恋。仕事をしていれば、一生懸命生きていれば、正面からでは受け止められない苦境も当然あるだろう。言葉があれば、その経験は単なるマイナスではなくあなたの人生に必要だったこととして意味を塗り替えられるのだ。進むべき未来は言葉が指し示してくれる。そして、振り返りたくない過去さえも、言葉がその意味を変えてくれる。

もし、あなたが、人生を変えたいと願うのなら、どんな風に変わりたいか、その未来像を言葉で明確にしないといけない。**あなたの目指す未来をあなた自身があなたの**

言葉で形にできたなら、あなたの人生はもう変わり始めている。あなたの目の前に過酷な現実があるのならば、それに言葉で新たな意味を与えてやればいい。この本はあなたの言葉を磨き、あなたの人生をあなた自身のものにするための武器だ。存分に味わい、楽しみ、あなたのまだ見ぬ未来の冒険に備えてほしい。簡単だ。言葉はもうあなたの手元にある。あとは使い方を学ぶだけだ。

もくじ

第3章 言葉で人を動かす

第4章 言葉で未来を指し示せ

序章

すべては言葉で変えられる
——仕事も人間関係も人生も

「保育園落ちた　日本死ね」

２０１６年のことだ。たった一人の、街に生きる普通の女性の、無名のアカウントから発信されたツイートが、１０００人以上の人にリツイートされて、メディアにも取り上げられ、国会での議論になるほどの大きなテーマになった。

保育園に入れなかったというむきだしの事実と、日本の社会制度に対する批判がわずか10文字につまった言葉。有名人でも学者でもない、たった一人のツイートが、国を動かすきっかけになった。そんな奇跡がわりと普通に起こる。

私たちは、今、そんな社会に生きている。

一方で、「上司と話が合わない」「自分の意見が言えない」といった、日常的なやりとりにおける、言葉を取り巻くちょっとした難しさや、日常の困りごとも、まだまだたくさんある。言葉は人を動かすことができるからこそ、人は言葉に悩む。

インターネットとスマホの普及により、社会における情報の流通量は飛躍的に増加した。言葉を取り巻く状況は、10年前と比べるとかなり変わってきている。もっと言うと言葉で何かを動かしたり、変えられる可能性がますます広がっている時代だ。「言葉」の力はより強くなっていく。これこそ言葉にするまでもない確信が、ぼくにはある。

この時代に言葉をうまく使って生きていくために、3つのポイントをわかっておいてもらいたい。

1 誰もが「伝える価値」を持つ時代になった

2 言葉こそが最強の問題解決の手段だ
――未来を作ることは、数字やテクノロジーだけではできないし、人間関係を改善するのは言葉でしかない

3 「言葉」を駆使すれば、闘わないで勝てる

誰もが
「伝える価値」を
持つ時代になった

序章

すべては言葉で変えられる――仕事も人間関係も人生も

「普通の人」の言葉が強い時代

言葉は誰しもが自由に使うことのできる「武器」だ。かつては作家や詩人、あるいはコピーライターといった言葉のプロたちがその威力を発揮させていた。しかし、今の時代は「プロ」が発する言葉が効きにくくなっている。

プロの作る言葉は完成度が高く、情報を伝達するためには有効だが、今は、情報を正確に伝えるためだったら画像や映像といった手段を使えばいい。言葉が持つ最大の機能は「共感」と「速度」だ。映像や画像よりも速く、情報流通の波に乗せ、誰かに共感を届ける。これができるのは言葉だけだ。

そして、その共感を得るためには、一般の人の言葉を拾ったほうがいいというケースが増えている。「言葉の技術」を複雑にこねくり回してもどうにもならない。普通の人が自然体で使う言葉だからこそ共感が集まる。結果として人を動かす。まさに効く言葉になっている。そういうことが増えてきている。

たとえば「保育園落ちた日本死ね」という言葉はその代表例だ。

コピーというのは、綺麗な言葉、かっこいい言葉では決してない。それは、人を動かす、状況を変える、意志と役割のある、機能する言葉だ。たとえばコーヒーに興味がない人に「このコーヒーはおいしいですよ」と伝える。その言葉を受け取った人がコーヒーを飲んでくれたら、もしくは飲もうと思ってくれたら、そのコピーは機能したと言える。言葉は伝えるだけではダメだ。相手を動かさないといけない。現実を変えないといけない。

「保育園落ちた日本死ね」はシンプルだが、ものすごく強くて効果的なコピーだった。「保育園落ちた」というファクト（事実）があり、「日本」という「建前だらけの大きい敵」を倒したいという意志が伝わる。しかも「死ね」という、シンプルで心に残りやすい、ある意味攻撃的な言葉の組み合わせである。

ファクトと、そこから生まれる社会に対する怒りの巨大さ。そのギャップが一言に凝縮されていたのだ。これが「保育園落ちた悲しい」とか「保育園落ちたどうにかしてくれ」だと話題にならなかっただろう。「保育園落ちた日本死ね」。こんな発想は、なかなかできない。それが多くの人の共感を呼んで、社会を揺るがすきっかけになった。プロではなく、一般の人の生活そのものから溢れ出た魂の言葉、真実むき出しの言葉だからこそ持つ力があった。

もう一度言おう。言葉は武器だ。

本当に「言葉一発」で世の中を変えられる時代なんだ。「イクメン」という言葉ができたから、父親の育児参加がより促進された。「おひとりさま」という言葉ができたから、孤食の市場が広がった。言葉は社会現象の核にもなる。

社会や自分の環境を変えるための「いちばんコスパのいい手段」が言葉とも言える。

「はじめに言葉があった」（ヨハネ福音書）

発言する意味がない人間などいない

企業の管理職の方から、たまに相談されることがある。会議で発言しない人がいるというのだ。その人がどういう思考でそういう結果になってしまっているのか。もしかしたら、「自分なんかが発言するべきではない」と思っているのかもしれない。

しかし、忘れないでいてほしい。会議に呼ばれている時点で、その人のいる意味は確実にある。価値は担保されている。それなのに「自分なんて」と思うのは奥ゆかしさというよりも過度の配慮だ。おかしい。発言への期待がない人間は会議には呼ばれない。会議によっては重苦しい雰囲気で硬い表情の偉い人がそれらしい顔をして座っているかもしれないが関係ない。どんなにアウェイに見える会議でも呼ばれている時点でそれはホームゲームなのだ。

しかも今は、1年ごと、いや1日ごとに仕事のルールが更新されていくような世の中だ。たとえば会議に「業界の重鎮」がいたとする、あなたは入社2年目の若者だ。あなたは会社でのキャリアにあまりに差が開いているために、発言することはできないと思うかもしれない。しかし、その重鎮はTikTokはやっていないだろうし、インスタグラムでいいねを稼ごうと思ったこともないはずだ。ツイッターの裏垢くらいは持っているかもしれないが。

広告会社で例えると、昔であれば、CMを100本撮った人は、10本撮った人よりも経験が豊富なので発言権が強いことに意味があった。

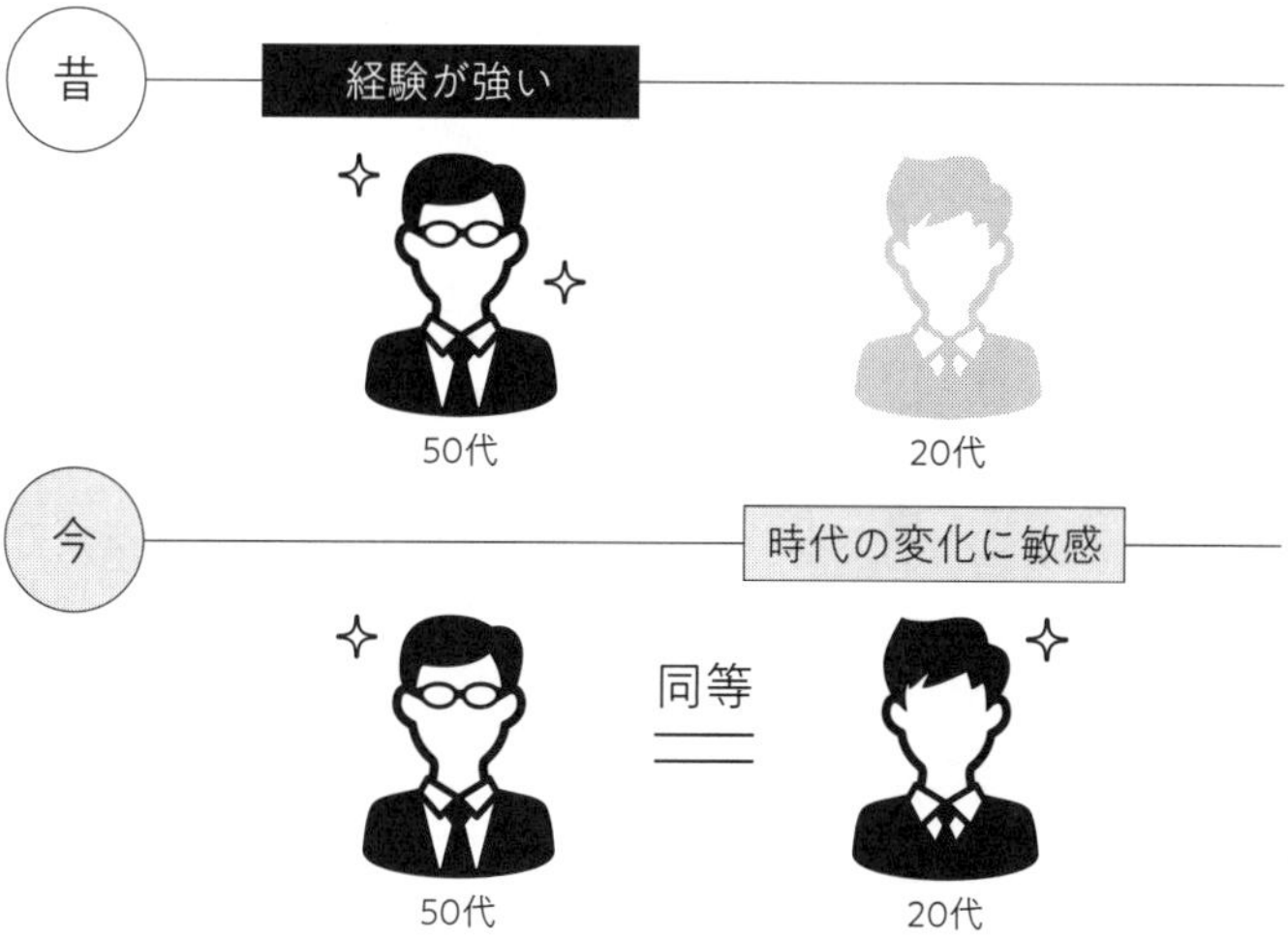

でも今はその常識、前例をたくさん持っていることよりも、新しい時代の変化について敏感に身体感覚で察知していることのほうがよっぽど大事だ。「世代が違う」ということは単なる年功序列のヒエラルキーを指し示すことではない。それは進化し、変化する社会常識の中で、「生きてきた時代背景が違う」というだけのことになる。20代の新人は「2010年代を生きてきたエキスパート」なのだ。時代性に視点を置けば、若者は業界の重鎮よりも鋭い感性や感覚がある。時代の空気を肌で感じるリアリティさがある。ルールが刻一刻と変わっていく時代において「経験値」というも

のは、唯一の武器にはなりえない。

あなたが20代で若いとするならば、ＳＮＳとスマホを自在に使う世代であるとするならば、会議で思い切って言ってみたらいいんだよ。「それはぼくらの（世代の）感覚からしたらカッコよくないですよ」と。周りは抗えない。ここに理屈はいらない、感覚を信じていい。もちろん「今回は、若い世代は相手にしないからいいんだよ」となるかもしれないし、「じゃあ、若者にわかってもらうにはどうすればいいんだっけ?」という議論になるかもしれない。誰もが違う人生を生きている以上、発言できない理由などない。もちろんお年寄りでも同じことが言えるし、たとえば環境問題に興味がある人、ラグビーが三度の飯より好きな人、なんだっていいんだ。自分自身の人生から生まれ出てくる自分の言葉、本当の言葉には必ず意味がある。昔の偉人の言葉を借りるならば、**「あなたじゃない誰かは、そこにはいなかったんだ。何かを言える権利があるのは、その場にいることができた人たちだけです」**。

LIFE is Contents

「LIFE is Contents」――この言葉を覚えておくと、いろいろなシーンで気が楽になるからオススメだ。

文字通り、人生に起きるあらゆる出来事は、成功も失敗も何もかもコンテンツ、すなわちネタにすることができるということだ。それなりに一生懸命に生きていれば、辛い体験、ピンチだってあるだろう。だが、そんな苦境も、言葉が認識を変えてくれる。人生に起きるあらゆる出来事を言葉で語ることで、コンテンツにしてしまえば、前向きに捉えられるようになる。

「LIFE is Contents」。この言葉こそが、ぼくの人生にとって大切な、最も汎用性の高い武器だ。この言葉を手に入れた瞬間のことは今も忘れられない。小学校5年生のとき、初めて人生の転機を感じた瞬間だ。ぼくの父はもともとダンサーだったのだが、引退して美術商を営んでいた。その父が事業に失敗、倒産した。家が破産した。

ぼくの家は、もともとは世田谷区に三階建ての一軒家を建てていたくらいのそれなりに裕福な家庭だった。父はダンサーとして世界を放浪していた経験があり、ヨーロッパのアートを愛し、ヨーロッパの文化にかぶれきっていた。家には暖炉があり、シャガールやセザンヌの本物の絵画が何点も置いてあった。当時のぼくにはそれらの一級の美術品の価値などわかるはずもなかったが、アートや暖炉といった実用的ではないが豊かなものがある暮らしを気に入っていた思い出はある。車はメルセデス、スカイライン、パジェロと、両親の趣味に合わせて3台あった。

しかし、そういった美術品が、ある日を境になくなっていく。自家用車が1台1台と姿を消していく。子どもなりに、自分の家に深刻な事態が起きていることはうっすらと、明らかにわかっていたような気がする。自分の力ではどうにもならないことも、自分でわかっていた。子どもというのは多くの場合、大人よりもよっぽど敏感で小さな変化にも気づくし、大人よりも大人で、知らんぷりしたり沈黙していたりするものだ。

果たして、ある日の夜、ぼくと家族は世田谷の家を離れて1台のトラックで引っ越しした。これがいわゆる夜逃げかと、早熟なぼくは自分の人生に不安と冒険心を感じたりもしていた。向かった先は板橋区の外れの団地だった。ドラマに出てくる貧困な家庭そのもののようなアパート。ショックだったが、日々は続く。ぼくにとって最も深刻な問題が起きたのは翌朝だ。

当時ぼくは暁星小学校というところに通っていた。医師や経営者、珍しいところでは歌舞伎役者など、お金持ちの家庭の子どもが通う、キリスト教系の幼稚園から高校まで一貫の男子校だ。名門と言っても差し支えないだろう。人生を暇つぶし程度にしか捉えていない父親は反対していたが、幼い頃から音楽の英才教育を受けて、芸大を卒業し、オペラ歌手になった母親の教育方針によるものだった。

同級生はみんな裕福な家庭の息子たちだ。その安定した生活水準から、自分の意思や責任ではないとはいえ、弾かれてしまったぼくは、どうやって同級生と接していくべきか。板橋から小学校のある九段下に向かう地下鉄の中で、相当悩み続けた。

今となっては、家庭の経済状況など、子どもには何の関係もないと笑い飛ばせるが、当時のぼくにとってはとんでもないコンプレックスになりかねない状況だった。わりと明るくて話も面白く、適度な野蛮さもあって腕っぷしが強かったぼくは、小学校のクラスでは、それなりに中心人物のポジションを保っていた。どれくらい重要な人物かというと、足が遅いのに運動会のリレー選手に選ばれるくらいだった。子どもの意思決定なんて無責任なもんだ。

選択肢は2つあった。1つは秘密にするというやり方。家庭の経済状況なんて、子どもの社会には何の関係もない、言う必要もない。ただ、これは親同士の強いネットワークの中で、秘密が暴かれるリスクもあった。子ども社会で嘘つきは最も嫌われる。もう1つは、面白おかしく話すというやり方。いずれ暴かれる恥ならば先に自分から伝えたほうがいいだろう。同情されるくらいなら笑われたほうがいい。社長の息子がいる。俳優の子どもだっている。貧乏な家庭の子どもがいたって問題ないだろう。

当時11歳に満たなかったぼくは覚悟をした。記憶にある限り、人生で最初の覚悟の記憶だ。面白おかしく話して、自分の苦境を笑い飛ばしてやる、友人みんなに同情なんて決してさせない、笑いの渦に巻き込んでやる。そんな風に教室の引き戸を開け、いつものようになんとなく集まる友人たちに、ぼくはワンピースのラフテルの正体を知ってるぜ、みたいな顔で語ったのだ。

「あのさ、すげぇ面白いことがある」

ぼくを囲むみんなの目が期待に輝く。間髪入れずにぼくは続ける。

「ウチさぁ、ぶっちゃけ破産したわ」

子どもなりに勇気のいるカミングアウトではあったが、友だちみんなは大爆笑し、同情も憐れみもなく、純粋な好奇心で「それで?」とか「どんくらいやばいの?」なんて素直に質問してくれた。みんなが笑っていた。そのとき「ああ、俺の人生はどん底かもしれないけど、こんなに笑ってくれるなら悪くはないなぁ」なんて思ってしまった。


ぼくの人生の苦境は、こうして物語ることによって、コンテンツに変わった。そこそこ悲惨な状態だったかもしれないが、そのネガティブささえも、言葉で物語にして語ることによって、みんなで笑い合えるコンテンツになった。自分の人生のどんなトラブルも言葉を使いこなして新たな意味を与えてやれば、不幸ではなく、機会(チャンス)に変わる。その気になれば笑い飛ばせる。マイナスの出来事もプラスに変えていくことができる。

言葉によって最悪の状況が最高のコンテンツになることを小学生のときに体感してしまった。その後もぼくの人生には、不運なことや嫌なことがあると、すべて言葉で物語ることで「コンテンツ化」して乗り越えるようになった。

この考えは、いつしか「LIFE is Contents」という言葉としてぼくの人生のど真ん中を貫く指針となっていた。

何か嫌なことやトラブルがあっても「これでまた仲間に語るネタが1つ増えたな」あるいは「自伝の章立て」が増えたなくらいに考えるようになったのだ。自分の人生を、一つのコンテンツとして捉えたら、ネガティブなことさえ半笑いで受け入れられるようになる。これも言葉にしかできない、人生を前向きに切り替える力だ。未来は言葉で作られる。同じように過去の意味は言葉で変えられる。

ライムスターは**「気づけば傷つく　だが傷つくほど気づく」**と言った。
小林秀雄は**「勇ましい者はいつでも滑稽だ」**と言った。
松本人志は**「うわぁ、それはオイシイわぁ」**と言った。

「LIFE is Contents」。この言葉一つ胸に仕込んでおけば、笑われること、転ぶこと、負けること、間違えること。ぜんぶ、自分のネタ・武器・財産に変わっていく。

武器になる
情報を仕込め

日本に1億2000万人の人間がいるとしたら、全員が違う人生、違う世界を生きている。よって「自分の言葉」を持っていない人はいないし、言葉を発する必要がない人間などいない。それだけは知っておいてほしい。

ぼくは新人時代、会議でなかなか発言する機会がなかった。

安易に口を開いては、「お前は黙ってろ」とよく言われていた。

そこでぼくは、とにかく最新のネットニュースを調べてきて「ヤフーでこんなニュースがあって……」とか「この情報って今回のプロジェクトに関係ありますよね?」などと発言していた。そういった相手が知らない情報を持ち歩くという工夫をして、発言権を得るようにしていた。

放送作家の鈴木おさむさんも若い頃、会議でぜんぜん発言できなかったという。偉い人たちの話に割って入ることができなかったのだ。

そこで彼は、たまたま話題になっているSMバーがあったので、1人で行ってきて、次の会議でそこでの体験談を話したそうだ。「この前SMバーに行ってきたんですけど」と話し始めると、当然「えー!」となる。「どうだった?」と一瞬で話が盛り上がったという。

周りと違う経験をすれば、必ず話すことはできる。今なら、なんてことのない経験でも世代が違えば特別な話になるだろう。「普通」の人生であったとしても、「別の世代の普通の人生」であれば特別になるのだ。

発言権は誰にでもある。それを心に刻んでおくことだ。

今はあらゆるヒエラルキーがどんどんなくなっている。情報格差もないし、年齢のヒエラルキーもない。むしろ若い人が有利な場面も多い。年齢と経験の有利不利がまったくない時代だ。どこで差をつけるか。「言葉」の重要性はますます高まっている。

日本で最も有名なラッパーであろうKREVAは**「俺から俺へ発言権」**と歌っている。発言は「能力」ではなくて「権利」なのである。

AGGRESSIVE
Words & Music by KREVA and Michael Larry Smith

ビジネスをドライブするのは
数字ではなく、言葉である

ビジネスにおいて、今、数字以上に言葉が求められている。

これまでの時代は、ビジネスで重要視されていたのは、数字だ。

「モノを安くたくさんつくれば、売れる」「よりよいサービスを提供すれば、儲かる」「人を増やせば、売り上げもあがる」——。

昭和、平成は目標としての「数字」さえ示せば、それが指針となり、みんなが前に進むことができたのだ。

「世界の枠組み」「ビジネスの仕組み」がかっちり決まっていたため、目指すべき数字だけ示せば事足りた。「今年は1億円稼ぎましょう」「来年は2億円稼ぎましょう」それでよかった。成長や進化のベクトルは定まっていて、あとはその「進むべき距離」だけ考えていればよかったわけだ。

しかし今はそのベクトルが、定まっていない。時代が変化するスピードは加速している。社会やビジネスのルールもあっという間にアップデートされてしまう。ぼくたち一人ひとりが、そして企業だって、どちらに行くのが正解なのかわからない。そういう時代だ。**だからこそ、どちらに進むべきかを決めて、断言できる人間が強い。**

この「ベクトルを決めなければいけない時代」に必要なのは「数字」ではない。「言葉」である。言葉だけが進むべき方向を決めることができる。
言い換えれば、現代というのは、「言葉」がないと前に進めない時代なのだ。

ぼくはクリエイティブディレクターという職業柄、あらゆる業界の最新のビジネスの状況を見ているが、どの業界でも「数字の限界」が来ていると感じている。プロジェクトごとにＫＰＩ（重要業績評価指標）を設定し、１か月あるいはクオーターごとにチームでおさらいし、一喜一憂する。しかし、ＫＰＩを細かく追えば追うほど、現場のメンバーは「これ何のためにやっているんだっけ？」という顔になり疲弊していく。仕事を通じて世の中をこんな風に変えたい、そんなモチベーションで始めたはずの仕事が、ＫＰＩという正体不明の数字に追われるだけの過酷なゲームに変わってしまう。

旅行の例で考えてみよう。「来月４０００キロ先へ行こう」と言われて、テンションが上がる人間がいるだろうか。何のことかわからず、いざ歩き始めたら途方にくれてしまうはずだ。どうやってサボるかを考え出すだろう。企業が数字だけで目標管理するというのはこういうことなのだ。

しかし、「来月ハワイに行こう」と言われたらどうだろう。飛行機で行こうか、どの航空会社で行こうか、どんな水着を持っていこうかと、テンションも上がり、モチベーションも高まり、勝手に各々工夫するだろう。

今、世界を席巻している企業の多くは、自分たち独自の魅力的な、目標を定義する言葉を持っている（次ページ参照）。

どうだろうか。いかに言葉がビジネスをドライブするか、進むべき方向を明らかにしてくれるか、そしてそれが、働く人々に勇気とやる気を与えられるかがイメージできただろう。目指すべき地点を数値目標ではない「言葉」で共有できている会社や組織は強い。不確定な時代に、「こちらに進むんだ」と示すことができるからだ。

迷うこともあるだろう、悩むこともあるだろう。しかし、社内でどれだけ議論しようが、ユーザーインタビューしようが、ネットリサーチしようが、答えなんて出るはずもない。その選択が正しいかどうか、それを決めるのはいつだって歴史であり、マーケットだ。悩んだり迷ったりする時間なんてコスト以外の何ものでもない。かつ

サードプレイス（スターバックス）

すべての人に、家庭と職場以外の、リラックスできる第三の場所を提供したい。スターバックスの言葉だ。あの居心地のよさ、スタッフの方々の魅力的な対応はこの言葉から生まれている。これがもし、「世界中に6000店舗、利益率の高いカフェを作る」という風に数字で管理されていたらあんなに豊かで快適な店舗は生まれないだろう。

世界のすべての情報を整理し、誰もがアクセス可能にする（グーグル）

これはご存じグーグルだ。世界のすべての情報、と簡単に言うが、情報は無限に増え続ける。だからこそグーグルは無限に進化し、拡大し続けなくてはいけないという宿命を自覚している。

あらゆる社会の変化と挑戦にコミットする（GO）

弊社GOのミッションだ。GOはマーケティングの会社でもコンサルティングの会社でも、PR会社でも広告代理店でもない。企業や自治体が変化したい、新しい挑戦に身を投じたいと思ったときに、それをお手伝いする専門家の集団というのがGOなのだ。今の時代、変化したいと考えない企業はない。変化に対応することがそのまま生存戦略になる時代だからだ。そう考えると、変化の専門家というGOのスタンスは、まるで対象となる顧客を選ぶような見せ方をしながらも、あらゆる企業と仕事ができるという点でうまくできている（自画自賛）。

て、アントニオ猪木はこう言った。**「迷わず行けよ、行けばわかるさ」**と。

テクノロジーを磨く言葉がある

今は新しいテクノロジーがもてはやされる時代だが、そのテクノロジーの方向性を示すのも「言葉」である。たとえば「ポケットに入るような小さなコンピューターがほしい」（ｉＰｈｏｎｅ）と誰かが言わなければ、それは永遠に生まれない。「音楽を持ち運びたい」（ウォークマン）、「人間の目と同じ鮮やかさで世界を捉えられるカメラがほしい」（８Ｋビデオカメラ）、「世界中の外国語を話せるようになる機械がほしい」（ポケトーク）……あらゆる革新的なプロダクトは、革新的な欲望を表現する一言、簡単な言葉から生まれている。

最初に想像し、言葉にする。その新しい言葉、新しい概念、新しい現象がテクノロジーを引っ張り、言葉とテクノロジーの相互作用で現実が変わっていく。言葉とは「テクノロジーが新しい現実を生み出すためのガイドライン」とも言えるだろう。

これはテクノロジーだけの問題ではない。あなたが何かいいアイデアを思いついたとする。あなたが思いついたということは、世界中の人が思いつく可能性があるということでもある。思いついたアイデアをうまく言葉にできなければ、誰にも受け取ってもらえないだろう。実際、そういう形で消えていった優れたアイデアやテクノロジーもたくさんあるはずだ。仕事で何かを成し遂げたい場合も、その質の優劣ではなく、「言葉」によって、成果が変わることは多分にある。今の時代はテクノロジーに焦点があたりがちだが、言葉にも目を向けないと、どこに進んでいけばいいのかわからなくなってしまう。

この世にないモノは無限にある。日々、新しいモノはどんどん生まれてくる。環境もガラガラと音を立てて変わり続ける。それはピンチではなくチャンスだ。自分の欲望を、誰もが望む未来を、**自分なりに「言葉」にできた人が「総取り」できる時代だ。**

モノの価値は言葉で作られる

社会が成熟し、技術が発達し、資金が飽和した今、「優劣」の基準が変わってきている。

たとえば自動車を選ぶときの基準について考えてみよう。かつては「速い」とか「安い」といった単純なモノとしての機能の優劣で価値がついていた。しかし今は、機能の優劣では差がつかなくなった。技術の進歩と富の平準化、資本主義社会はついに飽和状態になりつつある。何が起きたか。市場にあるものすべてが素晴らしいモノになったのだ。ほとんどのモノは利便性が高い、デザインもいい。食事もおいしいものばかりだ。100円ショップには生活に必要なものがなんでもある。ユニクロではちょっと前だったら高級デパートに並んでいたような高品質の衣料品が1000円台で買えてしまう。吉野家はうまい。セブン‐イレブンのお惣菜もおいしい。あらゆるものが低価格でハイクオリティだ。

だからこそ、言葉が必要だ。その商品の付加価値を定義し、提示し、説明しなくてはならない。価値を創造するだけでは市場競争で生き残るのは難しい。その価値を証明しなくてはいけない。

モノの優劣ではなくて、それをどう名付けるか、どういう文脈に位置づけるかで選ばれる時代になってきている。

目の前に世界中で作られたボールペンを並べてみる。すると、ほとんどが「いいペン」だろう。そのとき、どこで差がつくかというと、たとえば「このペンは、イタリアの職人が1本ずつ木を削るところから作っている」というファクトを伝えなくてはいけない。何で伝えるのか。そう、もちろん言葉だ。そのファクトが言葉で表現され、買い手に伝わることで、初めて2万円の価値が定義されるのである。

どんなモノにだって価値はある。だが、**「その価値をどう表現するか？」「どう伝達するか？」「どう理解してもらうか？」**で価値が変わってくる時代なのだ。昭和の偉大な評論家・小林秀雄は**「美しい花がある、花の美しさというものはない」**と定義したよ。

仕事とは「価値を生み出し」「価値を伝える」こと。

これは人によって、希望を感じるか、絶望するか分かれるところだが、今の時代、価値を「生み出す」だけでは市場で勝つのは難しい。「このボールペンは素晴らしいものだ」という価値を伝えないといけない。「イタリアの職人が作ったんだよ」ということを周りに広めていかねばならない。

企業活動は「価値を生み出し」て、「価値を伝えること」の2STEPでできている。特に「価値を伝える」重要性が高まっていることは理解してもらえただろう。

これは企業のマーケティングの話だけではない。個人にとっても同じ現象が起きている。つまり、個人もまた価値を生み出して、同時に価値を伝え続けていかなくてはいけないのだ。

たとえば、会社組織においてもなんとなく出世が早い人というのはいる。同じ成果を出していても、なぜかその人だけが評価され、いい仕事をもらい、上司や組織からも評価されて出世も早くなる。こういう人は「**価値を伝えるプロセス**」をきちんと意識的にやっている可能性が高い。こういう書き方をするとまるでゴマスリがうまい人のように思えるかもしれない。そういう意味ではないのだ。

組織において上司が成果を出している人を全員細大漏らさず把握していれば、それだけでもいいのかもしれない。しかし、実際はそんな風にはいかない。上司だって神ではない。組織の全員の能力・実績・プロジェクトにおける関与度・熱意・チームへの貢献など無数の変数の把握など、そもそもできるわけがない。

「一生懸命頑張っていれば誰かが見てくれている」

そう考えるのは美しいけど、ちょっと人間を信じすぎているのかもしれない。

また、企業や組織においては成果を出すことももちろん重要だが、もっと重要なのはその成果を出すプロセスを再生産することだったりする。つまり偶然に大成功することはありがたいのだが、それ以上に組織が求めているのはその成功を意識的に無理せず繰り返すための体制や仕組みを整えることなのだ。

その前提で考えると「価値を伝えるプロセス」は組織内における個人にこそ求められている。なぜならば、組織内で上司や会社に対して自分が仕事を通じて成果を出したプロセスを説明することは、上司の立場からすれば不明瞭な内部の評価に一定の基準を与えることになる。さらにそのプロセスが言語化されることで横展開されて、個人知が組織知になる。

そんなときに仕事が成功した秘訣や過程を丁寧に説明してくれる人がいたらどうだろうか。もしあなたが、現場の仕事で頑張っているのに、成果も出しているのに、いまいちきちんと評価されていないとしたら、価値を生み出すことに精一杯で、価値の証明ができていないのかもしれない。

ちょっと面倒かもしれないが、そんなに難しいことじゃない。次のランチタイム、あるいは朝や夕方のお茶の時間、もしかしたら仕事帰りの飲み屋でもいい。上司や組織内の評価をする人間を連れ出して、あなたのその自慢のプロジェクトの成果だけではなく、プロセスについて面白おかしく語ってあげることだ。あなたが生み出した素晴らしい価値を周りに伝えることに、手を抜いてはいけない。

仕事の価値を説明するときは次ページの3つのステップに気をつけておくといい。

自分の仕事の価値を説明する３つのステップ

1 チームにおける自分の役割を説明する

プロジェクトリーダーなのか、マネージャーなのか、ムードメーカーなのか。関与度と合わせて自分がどうやって貢献したかを説明する。

2 会社におけるそのプロジェクトの価値を説明する

同じようにそのプロジェクトが会社にどんなよい影響を与えるか、利益機会の創出なのか、話題性やブランド価値の向上なのか、採用や株価にインパクトがあるのか。再現可能であることを前提に説明する。

3 社会におけるその企業（とプロジェクト）の価値を説明する

さらに、そのプロジェクトを進めることで、自分たちの企業が社会にどんなインパクトを与えられるかという視点が必要だ。小さなプロジェクトかもしれないが、その一歩が企業の成長を、日本の未来を変える可能性がある、それくらい大きな視野で説明する。

以上の3つのステップを踏まえながら説明することでプロジェクトの再現性、個人の成長性、そして社会的インパクトを組織に伝えることができる。
上司だって基本はただの人だから、ここまで説明されると自分の足元でとんでもないことが起きていることに気づく。彼の視点に立つと、今度はこのプロジェクトを否定したら自分が責められるんじゃないかと想像することもあるだろう。そこまで考えると、プロジェクトを進めているときからどうやって価値を伝えるか、シナリオを考えることだってできるかもしれない。

ただ忘れてはいけないのは、評価されるために仕事をするわけじゃない。次にいい仕事をする権利を手にするために、いい仕事をするんだ。社会人になりたての頃、大手広告代理店でプランナー見習いになりながらも、組織と折り合いがつかず会社に干されて文句ばかり言っていた頃、当時交際していたIT系企業の女性からたしなめるように言われた言葉が今でも忘れられない。**「仕事の報酬は仕事だよ」**だってさ。賞も大事だ。利益も大事だ。でも何よりもほしいのはチャンスだったよな。この一言は、今でもぼくの胸の奥のすぐに取り出せる場所に置いてある。

「戦わずに勝つ」
ための道具、
それが言葉

ビジネスの世界ではよく「戦略」という言葉が使われる。「戦略」という言葉は戦うための作戦のように考えられている。だが、少し違う解釈をしてみよう。

「戦略」とは、「戦いを略す」と書く。すなわち戦略とは「戦わないで勝つ方法」のことなのだ。相手の得意分野や、自分が苦手なルールでは決して戦わない。もっと言えば敵がいない場所、戦わなくてもいい道を探る。戦いに勝つ努力をするのではなく、努力しないで勝つやり方を考える。これこそが「戦略」という言葉の本当の意味だ（あくまで三浦の解釈なので語源警察はお断りだ）。

ぼくは高校時代、進学校の柔道部の主将だった。当時は身長も低いし小柄だった上に、学業優先の校風で、そんなに練習の時間も取れない。もっと言うと筋トレや走り込みみたいな地味でキツイ練習はしたくなかった。それでも、結果にはこだわりたかった。勝ちたかった。そこで初めて「戦略」を考えた。ぼくが人生で初めて考えた戦略は、弱小校で練習時間も取れない柔道選手がどうやって強豪校の、体格にも練習量にも恵まれた相手に勝てるか、という課題に対するソリューションだった。

そこでたどり着いた仮説が、「人間は、知っている技は防げる」ということだった。柔道の強豪校は多くが大学生と練習している。彼らの柔道技を受けたことがある選手たちが、ぼくの技を受けたところでビクともしないだろう。しかし、彼らが知らない技だったら防げないいんじゃないか、と考えて、みんなが背負い投げなどオーソドックスな技を猛練習している中、レスリングやブラジル柔術、総合格闘技など違う格闘技の練習に励んでいた。

結果は面白かった。一部の関係者からは「あんなの柔道じゃない」とか「そこまでして勝ちたいのか」みたいな批判を受けながらも、相手をバタバタとなぎ倒し、当時ぼくの通っていた高校としては初めて全国大会に出場した。このとき、勝負事は戦略が重要である、とハッキリと自覚したことを覚えている。

そして、**戦略とは「努力しないための努力」**なのだと明確に意識した。それ以来、人生のあらゆる場面でこの考え方は役に立っている。

たとえば大学受験のセンター試験は、勉強がまったくできない高校3年生でゼロからのスタートだったので、倍率が高い「英語」ではなく「フランス語」で受験した。

大手の広告代理店に就職してからも、若手の登竜門的な広告の賞で全員新人賞に応募させられるのだが、よくよく見たら各社の新入社員が強制的に応募させられる新人部門よりも、暇なベテラン社員が有志で参加する一般部門のほうがはるかに倍率が低かったので、新人なのにしれっと一般部門に応募して受賞したりなど、とにかく努力しないで成果を出すための努力には本当に手を抜かなかった。

「戦略」を戦うための考え方だと認識しているとどうしても発想が狭くなってしまう。マーケティングの事例では、ある眼鏡会社がカラーコンタクト事業を始めるときに、他のメーカーが「印象が変わる」という効能で競い合っていた中で、そのメーカーはあんまり「印象が変わらない」ということを売りにした。それによって派手になりすぎることを嫌う20代後半以上の働く女性たちのニーズを押さえた。言葉一つで既存のメーカーとの競争から抜け出し、新しい市場を見つけ、勝利したのだ。

こんな風にそれから10年以上たった今でも、ぼくのクリエイティビティは「結果を出したい」という異常なほどの貪欲さと、「努力をしたくない」という人知を超えた怠惰から生まれているような気がしている。

もう1回言うが、戦略って、「努力しないで勝つ方法を考えること」なんだ。戦略すと書いて戦略。だからぼくは、どうやってその戦いから前向きに逃げて勝つか、ということを常に考えている。

努力をしないための努力を、めちゃくちゃしてほしい。そうすれば、どんな相手だって倒せるし、どんな仕事だって面白くなる。

柔道をやっていたときの「才能がなくても、練習量が少なくても、それでもどうしても勝ちたい」という気持ちが、今の仕事にも変わらずに息づいている。ぼくの専門であるマーケティングやクリエイティブ、PRも、すべては物量や資金量を超えて市場で勝利するための思考法であり、技術だ。

そしてこの努力しないための努力という考え方のベースには、やはり「言葉」がある。自分自身ができることを明確に言葉で定義する。自分にとって本当の勝利とは何かをしっかりと言葉で定義する。すべての努力・戦略・勝利のスタートは言葉だ。

ライムスターは**「スタイルはスレスレ　非合法ぐらいの逆転の思考法」**と言った。

言葉を変えることで、思考法を変えることで、結果を変えることができる。

あなたの挑戦を応援する

GOでは様々な仕事をしてきた。

独立直前からコルクという佐度島庸平さんが立ち上げたコンテンツの会社のブランディングをはじめ、ONE OK ROCKのプロモーションやAKB48やSEKAI NO OWARIのミュージックビデオ、ケンドリック・ラマーというアメリカのラッパーが来日した際のプロモーションでどこかで見たことがある黒塗りの広告をつくったりもした。さらに、大手の広告代理店があまり仕事をしてこなかったスタートアップへの投資や事業支援も積極的に行なっている。

これだけ仕事の内容を列挙すると、一見して何の会社かわからないだろう。広告代理店？　PR会社？　マーケティングコンサル？　ぼくもたまにわからなくなることがある。GOが手がけているのは、ジャンルやカテゴリでは定義できない仕事ばかりだからだ。

だけど、その実体は実は極めてシンプルだ。GOは「企業や社会のあらゆる変化と挑戦にコミットする会社」だ。これまで広告の仕事を通じて養ってきたクリエイティブの力で、今のこの成熟した社会における「行き詰まりの状態を打開すること」こそがぼくたちのたった一つの役割だ。

社会におけるあらゆる「挑戦」を加速させたい。それはすなわち、あなたをはじめ、今のこの社会に生きるすべての人の挑戦を後押しすることでもある。学歴が高いほうがいいとか、大企業に就職したほうがいいとか、そんなどこかで聞いたような常識は全部クソ喰らえだ。あらゆる個人の目指す未来が実現しやすくなる社会こそが人間という存在を前に進めると信じている。だからこそ、GOは、広告代理店でもPR会社でもなく、「ブレイクスルーカンパニー」と名乗っている。これもぼくが作った新しい言葉だ。クリエイティビティで、今の社会の閉塞感をぶっ壊すということに意味がある。

そして、そんなぼくたちの仕事の中心には、常に「言葉」がある。「言葉」によって新しい市場を定義し（マーケティング）、言葉によって新しい概念を作って広め（PR）、言葉によって大企業の組織改革をし、言葉を中心に置くことで大規模な音楽フェスやビジネスカンファレンスといったイベントも成功させている。どんな画期的なクリエイションも、どんな大規模なプロジェクトも、そのコアにあるのは常に言葉だった。言葉によってあらゆる困難な状況を突破してきたのだ。

ぼく自身の人生だってそうだ。**彼女が家を出ていった朝もあった。仕事の限界を感じてしまったことも一度や二度じゃない。**会社で干されたこともある。ネットで炎上して業界を追放されかけたこともある。それでも、そんな人生の危機からもう一度立ち上がるきっかけはいつだって、言葉だったのだ。

本書は、12年間、いや、36年間、言葉と向き合い、言葉を駆使し、言葉に救われてきた男が、言葉によって自分の人生をコントロールするための思考法とテクノロジーをまとめたものだ。あなたが普段漫然と使っている言葉だが、ちょっと使い方を覚えるだけで、仕事も人間関係も劇的に変わる。初めて自転車に乗る感覚、初めてランニングするときの感覚に近いかもしれない。「あ、この瞬間から、自分の人生が少し変わるかもしれない」。そんな感覚を手に入れてくれたら嬉しい。

第1章

「言葉にする」方法

瞬時に言葉が出てくる人は何が違うのか

「とっさに感想を求められて、うまく答えられなかった」という話を聞くことがある。「とにかく口を開いたが、思ってもみないことを言ってしまい、自分にがっかりした」という話だ。言語化について説明するために、まずこんな状況から考えてみたい。

こんなことを言うと自慢に聞こえるかもしれないが、許してほしい。ぼくは、とにかく、「頭の回転が速い」と言われる。何か話題を振られても「よくわからない」と答えることはほとんどない。

ぼくの場合、クリエイティブディレクターという仕事がら、毎日毎日、あらゆる職業の人から、「〇〇について、三浦さんはどう思いますか?」と問われることがある。メディアから取材されることもあれば、クライアントの経営者から事業について相談されることもある。もちろん社員や家族から、日常のことや世の中で起きているニュースについて気軽に聞かれることだってある。

そんなとき、自分の考えが固まっていなかったとしても、その瞬間に考えながら話すことでなんとなく意見をまとめて、意味のあることを話すことができる。思考の速度は速いほうだし、ボキャブラリーも豊富だから言葉が出てこないと困ることはない。

しかし、これはぼくに限った特別なことではない。訓練次第と言うか、ちょっとした考え方や構え方によって、誰にでもできることだ。

それは、前章の話にもつながるが、自分のスタンス（構え方）、つまり社会に対する向き合い方がある程度固まっているからだ。たとえば政治的なことを聞かれても「原則的には民主主義には賛成だが、衆愚政治に陥ることに対しては警戒的」というポジションがあるため、どんなテーマを振られても、そのポジションから発言することができる。もっと言うと、GOという会社の代表として「変化と挑戦」に対しては絶対的にポジティブなスタンスを取っている。だから、様々な質問に対して、基本的には「変化したほうがいい」「挑戦は素晴らしい」という角度から回答することになる。自分のスタンスを明確にしているので、何を聞かれても「ぼくのスタンスではこうですね」と答えられるのだ。

当然、ぼくを含めて、誰か個人の回答が社会における絶対的な正解であることはありえない。だから**正解も間違いもない。こんな気楽な問題はない**。人生にはもっと正解・不正解があって間違えたらそれなりのコストを払うことになる問題がたくさんある。受験とか、人事考課とか転職とかね。だから自分のスタンスさえはっきりと決めていたら、気軽に、スピーディに、ある意味で言うと適当に回答できるはずだ。だから、まず1つ、自分のスタンスを決めてみようぜ。

【スタンスを決めよう】
質問1：自分が絶対曲げたくない価値観は、どんなものですか？
質問2：どんな社会であってほしいと思いますか？
（この答えは、まずは思い付きでもいいし、その後変わってもいいので、ひとまず何か書ければOK）

ただ、それでも思うように話せないという人もいるのかもしれない。**間違ったことを言うのが恥ずかしいとかは、振り切ってしまったほうがいい。**繰り返しになるけど、「どう思うか？」なんて質問に正解も間違いもないんだ。

自分が考えている内容をうまく言葉にできない、思考と発言の間に差がある気がして、どうしても言葉を発信することにためらいが生まれてしまう。そういう人もいるだろう。いわゆる、「言語化」できないという状況だ。発言はしたものの、何か言い足りない気がするとか、何を話してもありきたりな感じになってしまうとか。あるいは、ついつい話が長くなってしまい、本当に伝えたかったことがボケてしまう。そんな人は、「言語化」する力が弱いのかもしれない。

ただ、これは方法論を学んで、数をこなしていくことで克服できる。しかし、常々思っているのだが、日本の学校教育に「言語化」が組み込まれていないことは、教育プログラム上の大きな欠陥だろう。学校では何があったかを書く作文や、作者が何を言おうとしていたのかを聞くマークシート型のクソみたいな設問（あらゆるすべてのテクストにおいて「何が書かれているか」と「それを読者であるあなたがどう読んだか」こそが重要であり、作者が「何を書こうとしたのか」という問いにはほぼ意味がない）ばかりで、あなた個人が考えたこと・思ったこと、すなわち思考の内容を他者にわかりやすく伝えるための「言語化」の技術を学ぶプロセスがないのだ。

ここでは、ぼくが脳内でいつもやっている「言語化」の方法を紹介する。

言語化には「段取り」がある

ある問題や事象について、何を語るべきか。どうしても言語化がうまくいかないという人は、以下のプロセスをたどってみるといい。もちろん最初はなかなかうまくいかずに苦労するだろう。しかし、言葉は武器であり、道具だ。つまり使いこなすには練習が必要だ。包丁は誰だって手に持つことができるし、実際に食材を切り刻むことも誰にだってできるだろう。しかし、熟練の寿司職人や料理人の包丁の技術、そしてそこから生まれる芸術とも言える料理は、当然ながら素人のそれとは隔絶した差がある。ただ、ちょっとした道具の持ち方や力の入れ方を知っているだけで、一気に上達することもある。ここで説明するのはそんなちょっとした使い方や心構えの部分だ。

ある問題や事象について、何かを語るとき、思考を言語化するには次のプロセスが必要だ。

0：スタンスを決める
1：本質をつかむ
2：感情を見つめる

3：言葉を整える

順番に説明していこう。

0：スタンスを決める

これは前章の繰り返しになってしまうが、まずは自分の世の中との向き合い方を決めないといけない。ただし、そんなに難しいことでもない。自分の社会における立ち位置と、世の中の動きに対する好き嫌いを明確にしておくくらいのイメージだ。

たとえばあなたが商社で働くビジネスパーソンだったら、日本とアメリカの関係についてどう思うだろうか。あなたが地方都市の市役所で働いているとしたら、日本の今のSNS炎上社会についてどう思うだろうか。あなたが4人の子どもを育てるシングルファーザーだったら、今の働き方改革といった社会の変化についてどう思うだろうか。

迷惑だとか、チャンスだとか、自分のスタンスによって社会における現象の捉え方はまったく変わってしまう。とにかく素直に考えることが大事だ。自分の世の中における立ち位置はどこか。社会がどう変われば自分が快適に、ストレスなく生きていけるかを考えると自然と見えてくることも多い。

特に、思いっきり好きなもの、熱狂しているものがあると強い。GOには熱狂的なアイドルマニアのクリエイターがいる。推しのアイドルの誕生日には自分で駅のスペースを買って広告を出してしまうほどのマニアだ。土日は毎週アイドルのライブの現場に行く。そのために、最も親しい友人の結婚式を普通にキャンセルしたりする熱の入れようだ。GOの仕事はあらゆる分野の最先端の経営者と打ち合わせをすることが多いのだが、実は彼は経営者たちから最も信頼を受けているクリエイターでもある。経営者はみんなアイドル好き？　そんなわけあるか。彼がアイドルというビジネスモデルについて誰よりも詳しく、熱狂しているので、アイドルビジネスの本質にあるコンテンツやコミュニティについて誰よりも熱く、消費者目線で語ることができる。だからこそ経営者たちから信頼される。最高のファンこそ、最高のコンサルタントになれる。これもまた、彼がアイドル好きという自分のスタンスをはっきりと取っているからこそできることなのだ。

それでもどうしても自分のスタンスがなかなか見えてこない場合は、ニュースを幅広く見ておくといい。社会の様々な問題が報道される中で、自分自身が気になること、感じることがなんとなく見えてくるはずだ。新聞をくまなく読む必要はない。ツイッターやLINEで流れてくる情報をなんとなく目で追っておくだけでもいいだろう。

この自分自身の世の中と向き合うスタンスが定まっていれば、どんな質問が来ても自分のスタンスで考えられるのでスムーズに自分の考えを口にすることができる。

スタンスをはっきりさせると、意見や考えがスムーズに生まれるというのは、実は社会一般のことだけではない。会社の仕事でも同じことが起きる。

かつて、博報堂でマーケティングの仕事をしていたときに、クライアントと、チームのクリエイティブディレクターとの間で意見が食い違うことがあった。それは広告表現に関する考え方の違いについてで、お互いの立場は理解できる、どちらが正しいというよりはどちらかが譲るしかないという状況だった。当時チームの若手だったぼくは、クライアントの言うことも一理あるし、クリエイティブディレクターの言っていることもわからないではない。若手のぼくは判断に迷い、営業の先輩にどちらの考えを支持するべきか聞いてみた。そのとき、その先輩の回答はこうだった。「俺たちはクリエイター側に立とう」というスタンスを明確にしたのだ。

通常、営業はクライアントの話を聞くことが仕事なので、当時のぼくにとっては意外な回答だった。彼がそう言う理由は「クライアントは、その会社との取引がうまくいかなくても、同じ業種の別のクライアントを探せばいい。しかし、この広告の仕事をしている限り、重要なのはクリエイターだ。社内外の優秀なクリエイターと仕事をしていれば、なんとか成果は出せる。ただ、優秀なクリエイターはあまりにも少ない。彼らから信頼されることが長期的には最も重要だよ」。

この選択が正しいかどうかはわからない。ただ、彼がこうして明確なスタンスを取っていることで、周囲の理解も得られるし、意思決定にも時間がかからない。正解かどうかはその先の未来が決める。重要なことは、そして**ぼくたちができる精一杯のことはたった1つ、目の前に現れる無限の思考の分岐点で自分のスタンスを貫き続けることだ**。

「時代を追いかけてフラフラしていてもどこにもたどり着けはしない」。秋元康はこう言っていた。**「止まった時計は日に2度、同じ時刻を指す」**と。

1：本質をつかむ

自分のスタンスさえしっかり持つことができれば、そこからはそんなに難しい作業ではない。次にやらなくてはいけないこと、それは、その問題や議論の本質をつかむ作業だ。いわゆる「抽象化」と言われることもある。その問題で議論されていることは一体なんなのか、表面的に現れている現象を追いかけるのではなく、現象が起きてしまっている構造を大づかみにしないといけない。これが多くの人にとっては難しいと思われがちだが、実際はそんなに難しいことではない。

- **固有名詞を省いて**
- **時系列も無視して**
- **行為と現象と関係性だけを抜き出す**

というプロセスだ。言語化のプロセスの中にもう一つ抽象化のプロセスを説明されてちょっと面倒くさいなぁと思わせてしまったかもしれないが、慣れれば頭の中で一瞬で行なえるので、騙されたと思って読み進めてほしい。自転車に乗ることだって、

・鍵を解除して
・サドルに腰を下ろして
・ハンドルを握って
・ペダルをこぐ(このとき重要なのは両足にかける力を均等にすること)

みたいな複雑な作業を、小学生だって息を吸って吐くように自然にこなしてるんだから。そう、重要なのは慣れと、それが自然な行為だと認識することだったりする。

というわけで具体的に、映画のストーリーを例に、抽象化のプロセスを説明しよう。

「スパイダーマン　ファー・フロム・ホーム」という映画がある。

そのあらすじを聞かれたとしよう。

そのとき、

「スパイダーマンが活躍する話！」

だと、あまりに大雑把でスパイダーマンの他の映画と何が違うのかはわからない。

「スパイダーマンが高校生の頃の話で、跳躍しているピーターが楽しそうだった」

だと、感想にはなっているが、あらすじではなく、映画の本質には迫り切れない。

また、話の内容を逐次伝えようとして（なお、ここは長いので時間がない人は読み飛ばしてもらって構わない）、

「スパイダーマンであるピーターは、学校のヨーロッパ研修でミシェルに告白しようと決意して、あえて、スーツを持たずに研修に出かけたんだけど、その途中で怪物に襲われてしまう。その夜に招集されたピーターはベックという男に会い、エレメンタルズという怪物が地球の侵略を始めたこと、そしてピーターがアイアンマンの後継者に指名されたと伝えられる。ピーターは、共闘を断り一度は研修に戻るのだけど、結局は協力することを決め敵と戦うが、そこで自分はアイアンマンの後継者にはなれないと思い、ベックにその印のメガネを渡す。しかし、ベックは戦士でもなんでもなくて、逆にピーターだけでなく、ミシェルや友人まで狙われてしまう。列車に轢かれか

け、オランダの留置所に入れられたピーターは、その後脱出し、新たなスーツを制作してベック一味が襲撃しているロンドンに向かい、最後にはベックを倒す、という映画」

小学生の作文などにたまにあるが、これだとダラダラしていて要素も多く、大事なことがわからなくなる。

だから、まずは構造だけを抜き出して、本質を大づかみにしないといけない。3つのプロセスに当てはめてみよう。ここでは、わかりやすくするために、カッコ内に固有名詞を入れている。

主人公（スパイダーマン）は、大切な人生の規範になるべき存在（アイアンマン）を失って孤独である。彼は嘘を操る敵（ミステリオ）と戦い、打ち破る。その過程で、それまでの人生の規範であったヒーロー（アイアンマン）とは違う、自分が目指すべきヒーロー像を発見する。それはこれまでの自己犠牲によって世界を救うヒーローではなく、自分の人生の楽しみ（彼女とのデートやクラスメートとの旅行、家族との関係)と、世界を救うこと(アベンジャーズとしての活動)を両立しようとする道だ。

という感じだ。ここには固有名詞もなければ、時系列の順序もない。ただ、どんな奴がどんなことをしてどうなったかということを端的にまとめただけのことだ。もちろんこれはそれなりにハイレベルな仕上がりなんだけど、こんな感じで、属人性や詳細、時系列、個人の感情を排除すると、簡単に整理できるようになる。

会社組織や仕事上の問題、家族や恋人との意見の食い違いなども一旦こんな感じで抽象化すると話がわかりやすくなる。慣れるまではノートや紙に図を書きながら整理してもいいかもしれない。確かに最初は面倒くさいが、これを何度も試みていくうちに自然と身についてしまう。自転車のこぎ方、スマホの使い方、スーツの着方を思い出してほしい。初めはみんなマニュアルを読んだり、試行錯誤したり、練習を繰り返したりしているが、気がつけば、日常の行動に組み込まれている。多くの人々は、思考を才能やセンスで片付けてしまうが、これもまた脳の運動なんだ。マニュアルを把握し何回か練習をこなせば、自然と習慣になっていく。ちなみにぼくが、この技術を身につけるうえで最も練習になった経験は、高校生の頃、そして会社員として無数に書かされた経緯報告書だったりする。

2：感情を見つめる

問題の本質をつかむ。これは主観や自分自身を排除して、問題に対して徹底的に客観的になることだ。

その次は、逆に思いっきり自分に目を向けてみることが必要だ。自分の意志・感情・意見がない言葉をどれだけ紡いだところで、そこには何の意味もない。人はそんな言葉に心を動かされることはない。人の心を動かすのはいつだって解説ではなく、感情だ。このステップは最もシンプルで簡単な作業だ。

問題の本質をつかんだら、それを自分のスタンスと照らし合わせる。その上で、そのことに対して、自分がどんな感情を持ったかを丁寧にすくい上げるのだ。

喜怒哀楽と簡単に言うけれど、それぞれの間にも様々なグラデーションがあるだろう。ワクワクしたのか、ムカついたのか。誰かに伝えたくなったのか、自分一人で大切にしまっておきたくなったのか。許せないと思ったのか、真似したいと思ったのか。自分の感情がどんな風に反応したのかを冷静に観察する。自分の感情を、自分の理性が追いかけるのだ。そうすると次第に、その感情の輪郭が見えてくる。

次にやらないといけないことは、**自分がその感情を抱いた理由を考える**ことだ。なぜ?と自分自身に問いかけ続ける。なぜそう思ったのか？　ここで自分自身が納得できる、腑に落ちる答えが見つかるまで徹底的になぜ?を繰り返す。仕事や私生活で他人に「なぜ?」を5回以上聞いたらパワハラだが、自分から自分に投げかける問いかけだから問題ない。多少苦しかったとしても、答えが見えてくるまで問いかけ続けよう。「腑に落ちる」という言葉はよくできていて、自分自身の内臓にすっとしみてくるような、心から納得できる答えが出てくるまで問いかけ続けることが大事だ。大丈夫。他の誰でもない、自分自身に問いかけるのだ。きっと自分にしか出せない答えが見つかるはずだ。それがたとえどれだけ陳腐でどこかで見たことのある言葉でもいい。あるいは、それが自分にしか伝わらないような独特の答えでもいい。大切なのは、自分自身が納得できること、その1点である。

吉本の「闇営業」が問題になったことがある。あの問題を報道で目にしたときに、ぼくがいちばん最初に抱いた感情は「報道された芸人たちがかわいそうだな」という思いだった。おそらく多くの人々が感じた思いとは逆だろう。彼ら自身の行動を考えると社会的な影響は決して大きくない。実際にメディアや吉本興業は彼らを糾弾する姿勢をとった。その報道や粛清の姿勢はあまりにも苛烈《かれつ》だった。メディアで彼らについての報道を知った多くの人々が、彼らについて批判的な視線を向けた。犯罪者のような扱いも一部あった。それでも、ぼくはなぜ、彼らに対して「かわいそう」と思ったのか。それにはいくつかの原因があった。

まず自分自身がかつてマスコミにいわれなきことで報道されて、名誉と感情を傷つけられた経験があったからだ。問題の是非はともあれ、マスコミに実名で報道されて集中砲火を受けるときの精神的なダメージは計り知れない。さらにぼくの場合、若手のお笑い芸人の多くが安い賃金で働いていたことを知っていた。また、細かい具体的な状況までぼくにはわからないが、飲みの席で写真を撮ってくれと他のお客様に声を

その感情を抱いた理由を考える

吉本のニュース

↓

[どんな感情が生まれたか]
かわいそう

↓ なぜ？

（メディアの報道が苛烈だった）

↓ なぜ？

（自分も同じことがあったからよくわかる）

↓ さらに

□賃金が安かった

□サービス精神からの行動として理解はできる

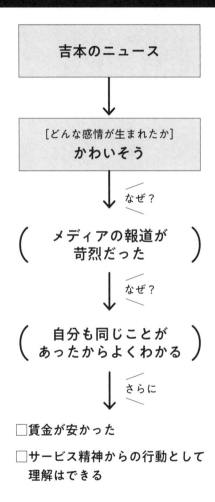

かけられて、特に怪しみもせずに写ってしまうサービス精神も十分に理解できる……ここまで自分の抱いた「かわいそう」という感情を、自分自身で納得できるように丁寧にひもといていく。そうすると、世間一般の人が抱いたであろう感情とは真逆の感情でも、その理由を他人に説明できるようになっていく。

自分が抱いた感情を説明するのに正解も不正解もない。この自分の感情を他人に説明できるようになるまで考え抜く。自分で自分を見つめる過程で、あなたの言葉、思考にオリジナリティが生まれてくる。

どんな現象でも、構造化してしまえばオリジナリティなんて大してない。現象について説明する限りは、誰が話しても同じことだ。だからこそ、あなたのスタンスから生まれたあなたの感情を説明できるようになったとき、初めてあなたはあなた固有の言葉、オリジナリティを手に入れたことになるんだ。

3：言葉を整える

ここまで、「スタンスを決める」「問題の本質をつかむ」「自分の感情を見つめる」というステップを踏んできた。ここまできたら最後の「言葉を整える」のはとても簡単だ。料理に例えるならば……

「スタンスを決める」＝どんな料理を作るか決める
「問題の本質をつかむ」＝食材を決める
「自分の感情を見つめる」＝調理加工する
「言葉を整える」＝最後にお皿に盛り付ける

くらいのイメージだ。

言葉を整えるとは、具体的にどういうことか。それはここまでのステップで生み落とされた自分の思考の産物である言葉を、相手やその場の雰囲気に合わせて調整するということだ。

・**言い方を丁寧にする**
「相手のせい」→「相手にも責任がある」
・**ネガティブをポジティブに言い換える**
「もう1つしかない」→「最後の1つになった」
・**自分の責任にする**
「電車が事故で遅れた」→「事故で遅れる電車に乗ってしまった」
・**可能性を残す**
「ゲームは一方的に終了」→「今回のゲームはあっという間に終わってしまった」

といったような、相手に残したい印象によって、別の視点から言い換えたり、ちょっと言葉の順番を入れ替えることで、同じ現象でも、まったく違う印象を相手に与えることができる。残したい印象、伝えたい内容や空気感、伝えるべき相手との関係性によって、無限のバリエーションが存在する。

もちろん、こんな技術は小手先でしかない。『伝え方が9割』（佐々木圭一著　ダイヤモンド社）という本が売れた。確かに表現の可能性や技術の大部分は伝え方の中にある。言語によるコミュニケーションにおいて技術が介在する余地が最も大きいのは「伝え方」の部分だ。しかし、**結局大事なことは、伝えなくてはいけない1割の中にある。**

「言葉を整える」部分はやはりどこまでいっても仕上げでしかない。この最後のステップについては、あまり気にしなくていい。それよりも自分の感情に向き合うまでの0〜3のステップを丁寧に仕込んでいけば、十分に強い言葉を手に入れることができる。これまでの人生で読書にあまり親しんでこなかったからといって悲観する必要はまったくない。スタンスを決めて、本質をつかみ、自分の感情に向き合う。もし、余裕があれば、言葉を整えておく、そんなイメージでいい。

言葉のセンスは磨けるか

そしてもう一つ、センスは才能のような、特定の人間が生まれ持った特別なものだと思っているかもしれない。そんなことはない。センスの正体は経験と価値判断の蓄積だ。かっこいいものを見たことがない人にはかっこいいものは作れないし、そもそも何がかっこいいかはわからない。人生で様々なものを見て、知って、それがかっこいいということを学んで初めて、人はかっこいいものとそうでないものを見分け、かっこいいものを作ることができるようになる。言葉においても同じことだ。伝わる言葉、わかりやすい言葉に、人生においてたくさん出会っておくと、自分が何かを話すときにそれらの言葉を引っ張ってきたり、それらの言葉のエッセンスをうまく抽出して使うことができるので、結果としてわかりやすい言葉、強い言葉を使うことができるようになる。

よく言う読書が大事というのはこの部分で、様々な言葉を知っていればいるほど言語化の技術、表現の幅は広がっていく。もちろん、漫画でも映画でもいいし、もっと言えば、身近な人の中で、話が面白い人、説明がうまい人がいたら彼らとずっと話しているだけでもいい。驚いたり、笑ったり、感動したり、感心したり、と感情が動くたびに、確実に一つひとつの言葉はあなたの脳に、心に刻み込まれていく。そういった強い言葉の断片、記憶の集積があなたの知らないところで、あなたのセンスを構築していくのだ。気がついたときには卓越した言葉のセンスの持ち主になっていても不思議ではない。

具体的な事例：映画について話をしよう

たとえば、映画の感想について、実際にこの言語化のプロセスを検証してみよう。映画や本の感想を友人や同僚から求められることがある。そんなとき、その映画に自分なりに感動したり、面白いと思ってはいるんだけど、自分の思いをうまく説明できないっていう話をされたことがある。感想なんて正解も不正解も評価の良し悪しもないんだから、なんでも好きに語ればいいじゃねえかと思うんだけど、意外にこういった日常のちょっとした会話で感性や教養を測られることもあるから気が抜けないというのもわかる。

「本質をつかむ」のときにも例にあげた「スパイダーマン ファー・フロム・ホーム」を使って話してみよう。

0：スタンスを決める

ぼくのスタンスは「アメコミ・ヒーロー映画が大好きで、基本的にはスパイダーマンシリーズを絶賛したい」というスタンスである。同時に「あらゆるエンターテイメントから人生や社会に対する学びを発見したい」というスタンスもある。この立場から、作品を見ていく。

1：本質をつかむ

前に説明したので、72ページを参照してほしい。

2：感情を見つめる

この映画を見たときにぼくが感じたことは、シンプルに言うと、「めちゃくちゃ面白かった」「なんか、今までのアメコミヒーローに比べてヒーロー像がちょっと変わったな、進歩してる感じがするな」「スパイダーマンの優柔不断でくよくよするところは俺と似ているな」というような感情だった。これをなるべく深掘りしてみる。

「めちゃくちゃ面白かった」と感じた理由はシンプルだ。映像表現はスピーディで最新のヴァーチャルリアリティ技術がふんだんに利用されていて、すべてのシーンが計算ずくでかっこいい。また、物語も130分の上映時間の間に3つの山場があって、退屈をしている余裕がない。純粋に映像表現に興奮し、物語の展開に感動したのだ。

より深く掘り下げないといけないのが、「なんか、今までのアメコミヒーローに比べてヒーロー像がちょっと変わったな、進歩してる感じがするな」「スパイダーマンの優柔不断でくよくよするところは俺と似ているな」という2つのポイントだ。

今までのアメコミヒーローに比べて、ちょっと変わった点については、過去のシリーズ作品であるアベンジャーズと比べてみると理解できる。

「アベンジャーズ／エンドゲーム」以前のアメリカンコミックのヒーローたちの戦いは「善と悪の争い」であり、その勝利の条件は常に自己犠牲だった。ヒーローは必ず戦いのどこかで自分の命や大切なもの、あるいは家族や恋人との幸福な時間を犠牲にして勝利をつかみ取る。これは、キリスト教に端を発する「自己犠牲こそヒーローの象徴であり、条件である」という西洋のヒーローや世界を救う物語に対する思想が象徴されている。マーベルシリーズやディズニー作品、あるいはスター・ウォーズなどを見ているとすぐに気づくだろう。21世紀を代表するアメリカンヒーロー映画のシリーズであるアベンジャーズにおいても、全作品に通底するテーマとして顕著だ。その証拠にすべての作品において、ヒーローは大切な人を失ったり、大事なものを諦めたりするシーンが盛り込まれている。

「スパイダーマン」も同様だった。これまでの作品では、彼女とのデートをいいところで切り上げて、敵を倒しに行ったり、自分のやりたいことを諦めてでも社会のために尽くしていた。それこそがアメリカが求める、そして2019年までのグローバルスタンダードな「ヒーロー像」だったのだ。

しかし「スパイダーマン　ファー・フロム・ホーム」では、少し違う。普段は高校生として平和な日常を送るスパイダーマンが、ニューヨークを危機に陥れる敵をやっつけた後に、諦めないで、必死に追いかけてガールフレンドとのデートに戻るという明確なシーンがあるのだ。これまでは「敵か、味方か」「甘えん坊の少年か、甘えを捨て去ったヒーローか」といったように「人間はどちらかでしかいられない。お前はどっちを選ぶんだ?」ということを問いかけてきたのがアベンジャーズだった。

一方、「スパイダーマン　ファー・フロム・ホーム」は、どちらかを選ばなくてもいいというスタンスが描かれている。人はどんな状況でも2つの選択肢のどちらも選ぶことができるし、2つの選択肢の間で悩み続けるのが人間なのだ、という、これまでのアメコミ映画を超えた大きな、現代的なテーマを抱えた作品なのだ。だからこそ、ぼくはこの映画のスパイダーマンにヒーロー像の進歩を感じた。そして同時に、自分自身の、悩みながら生きている人生を投影して、自分と似ているな、と感じたのだろう。

……というようなことは、当然ながら最初から頭の中に文章としてまとまっているわけではない。こうして言葉にすることで、自分自身でも初めてわかることなのだ。

3：言葉を整える

ここまで読んでもらえたらわかっていただいていると思うのだが、もう十分、語るべき内容は仕上がっている。自分のスタンスを決めて、映画の本質をつかみ、そこから自分の感情を見つめる。これだけでもう十分に語るべき内容になっている。noteにまとめたらそこそこシェアされるし「スキ」もつくだろう。

「いや、自分にはこんなにきれいにまとめられない」と思う人もいるかもしれない。しかし、本田圭佑のプレイに怖気付いてサッカーをやめましたなんて中学生がいるだろうか。宇多田ヒカルの歌声を聞いて歌手の道を挫折しました。尾田栄一郎のワンピースを読んで二度と漫画を書くのはやめようと思いました。バカげてる。むしろ、その道の先にいる人に憧れて、エネルギーをもらい、そこを一つのガイドラインとして目指すことで、成長のスピードが上がるというものだ。ぼくが彼らほどこの道の先にいるなんて言うつもりは毛頭ないんだけど。

最後に言葉の調整として、プロらしい、圧倒的な切れ味を見せたい。そうなると、できる限りシンプルで、強い言葉で表現したい。そうするとこうなる。

「スパイダーマン　ファー・フロム・ホーム」で描かれているのはまったく新しいヒーロー像だ、それを端的に言うならば「二元論の超越」である。普通の高校生とスーパーヒーロー。恋人との甘いデートと世界を救うための戦い。これまでのヒーロー映画は常に選択を迫られていた。しかし、スパイダーマンは違う。彼は悩みながらその2つを叶えようとする。その等身大の葛藤にぼくたちは自分の未来を見つける。

あるいは、ちょっと優しい感じで小学生向けに言うとこういう感じになる。

「スパイダーマン　ファー・フロム・ホーム」は多分、今までのヒーロー映画の中で、いちばんぼくたちに近い存在としてのヒーローが描かれている。彼は普通に高校に通って勉強したり彼女とデートしたりして青春を楽しみたいんだ。だが、一方でスーパーヒーローとしての責任も理解している。強大な敵と戦わなくてはいけない。普通というか今までのスーパーヒーローは特に悩みもせず世界を救うことを選ぶ。だからこそ彼らはスーパーヒーローなんだけど。でもスパイダーマンは悩む。悩みながらそのどちらもなんとかしようと懸命に努力する。それはもう、現実世界で勉強や仕事みたいに、やらなければいけないことと、恋愛や趣味といったやりたいこととの間で悩みながら、なんとか折り合いをつけてうまくやろうとするぼくたちとまったく同じなんだ。

といった感じだ。どちらも同じことを言っているが、相手の感覚や知識、置かれた立場、狙いたい効果によって言い回しや口調、言葉選びを変えている。

ここまで、わりと丁寧かつ上手にやってみたけど、どうだろうか。もちろん誰でもこんな感じですぐにうまくいくわけじゃない。だけど、まずは手を動かしてみることが大事なんだ。誰だって初めは素人だから。できないということは、絶望ではなく希望だ。ここがあなたのスタート地点であり、目標地点でもあるのだ。

ベルセルクという漫画では闘いについてのこんなセリフがある。**「祈るな、手が塞がる」**

さぁ、今すぐ、頭を、手を、動かすんだ。

「言葉の因数分解」で自分を見つめ直す

もう少し、自分の言葉を生み出す技術についての話をしよう。一生懸命、内容のある話をしているのに、言葉が相手の印象に残らないとか、いまいち、相手の行動を引き出せないという人がいる。誰かに伝えても反応が薄かったり、言葉が「ふわっと」しているなんて言われたこともあるかもしれない。

たとえば、「仕事がうまくいかない」という言葉を使う人がいる。何が辛いのか、何がうまくいっていないのかわからないので、当人が大変そうでも周囲は手助けもできない。大抵「頑張って」と言われて終わる。

また、「頑張ります」という言葉を使う人もいる。安易に使ってしまいがちだが、何を頑張るのかわからなければ、下手をすれば考えなしの人に見えてしまう。

映画や本の感想を求められたときの「よかったです」という感想だって、何がよかったのかわからなければ、相手にその気持ちは届かないかもしれない。せっかく何かに感動して、SNSのコメントなどで気持ちを伝えようとしても、大勢のうちの1人になってしまい、相手に印象を残せない。

いずれもシンプルで思わず自然に口をついてしまいそうな言葉たちだ。だからこそ実感もこもるし、本人からしたら心の底からの言葉だろう。だが、シンプルでリアルな言葉だからこそ、ありがちで伝わらないということもある。どうやって強く、伝わる言葉にすればいいのか。

こういうときに、うまく言語化できる人は、頭の中で**「言葉の因数分解」**をしている。

たとえば「仕事がうまくいかない」を分解していく。言葉の一つひとつを細かく割って、具体的にしていくことで「仕事がうまくいかない」という状況の正体を言葉で明らかにしていく。「会社の人間関係にストレスを感じている」のか「現場の作業が過酷すぎる」のか「アイデアが出ない」のか「上司が嫌い」なのか「やる気が出ない」のか……。

「仕事がうまくいかない」が含んでいる内容を徹底的に細かく具体化していく。

もう少し丁寧に順番を追っていこう。

仕事という言葉の中にあるのは次の要素だ。

着替え・出勤の移動・出社・同僚との人間関係・挨拶など・実際の仕事となっている各種のプロジェクト・後輩社員の教育・書類の内容チェック・アイデア出し・打ち合わせ・上長への報告・給与の振込み・人事の評価……などなど、全部はとてもあげられないし、個人個人の仕事や人生のタイミングによっても異なるが、一概に「仕事」といってもその言葉の中には無数の要素が含まれている。

同じことが「うまくいかない」という言葉にも言える。モチベーションが湧かない・失敗が続いている・評価されていない・嫌われている・組織風土が合わない・事業に興味を持てない・努力の方向が見えない・仕事が難しすぎる……などなど、これはこれでやはり無数の要素があるのだ。

この「仕事がうまくいかない」という悩みを因数分解する流れをシミュレーションしてみよう。これも慣れれば当然一人で脳内で秒速でできるようになる。だが、最初は誰か、質問をしてくれる人にお願いし、実際に何度か質問を繰り返しながら具体的にしていくのがいいだろう。質問するごとに、言葉の具体性のレイヤーを上げていくイメージが持てるとわかりやすい。

【仕事がうまくいかない】

・第一レイヤー

「ここで言う仕事ってなんだろう」→「顧客とのミーティング」

「うまくいかないってどういうことだろう」→「会話がうまく成立していない」

・第二レイヤー

「顧客って誰だろう」→担当しているクライアント、中でも責任者や経営者など上位層の人に苦手意識がある

「会話がうまく成立していないってどういうことだろう」→営業のトークスクリプトは頭に叩き込んでいるが、どうしてもクライアントとの気軽な世間話ができなくて、

精神的な距離が開いてしまう。

・**第三レイヤー**

「経営者などクライアント上層部に苦手意識があるのはなぜだろう」→上位層が求める世間話に対応できていない。

「気軽な世間話ができないのはなんでだろう」→文化的、教養的な欠如を感じている。またそれによって顧客に教養のなさがバレるのが恥ずかしい気持ちになる。

ここまで掘り下げてみる。そうすると、「仕事がうまくいかない」という悩みが単なる悩みではなくなる。この状況を言葉の因数分解によって正確に表現すると、「仕事でクライアントの経営層と会話するときに、教養がないことがバレるのが恥ずかしくて、思ったように会話ができない。この状況に自信を失い、ストレスを感じている」ということがようやく明確になるわけだ。

ちなみに、「うまくいかない」の内容が1つだけではないこともある。課題が複数

「仕事がうまくいかない」を因数分解する

第一レイヤー
仕事って何？＝顧客とのミーティング
第二レイヤー
顧客って誰？＝責任者・経営者 会話が成立しないってどういうこと？＝気軽な世間話ができない
第三レイヤー
なぜ上位層が苦手？＝世間話に対応できない なぜ世間話ができない？＝教養のなさ

あった場合でも因数分解の過程は同じだ。何度でも繰り返せばいい。こうやって段取りにしたがって思考を言語化していく作業は、実際にトライしてみるとそんなに難しいことでもない。時間はかかるかもしれないが、言葉という補助線を使って、自分の意識という暗い谷底に降りて、問題という鉱石を見つけるような作業のイメージだ。

こうやって思考を言語化する作業を試みてみると改めてわかることがある。人間は意外に自分のことをわかっていないのだ。何より、人間にとって、思考というなかなかに面倒くさい作業を避けて楽をしようとする。思考の過程で、「仕事がうまくいかない」とか「よかったです」みたいな**大雑把で便利な言葉を見つけてしまうと、そこで思考を止めてしまう**。間違っていないからだ。だが、正確ではない。思考は正確な言葉で表現しないと、本当はもっと深い思考にたどり着く可能性があっても、途中でその行き先を見失ってしまうのだ。

発明王エジソンは「人間は〝考える〟という真の労働を避けるためなら、なんでもする」という言葉を残している。「考える」しかないというのに。

「悩む」ことに意味はない

言葉を因数分解することで思考を明確にする。これがいちばん効くのは人生の進路や次の行動に漠然と「悩んでいる」ときだ。これも、思考を因数分解して言葉にすることで、問題の本質や自分が進むべき進路が見えてくる。

漠然と「悩んでいる」人も多いが、言葉を選ばずに言うと、それがいちばん無駄な行動だ。「悩む」のは、なんとなくわからないままグズグズするということ。前に進むことも、逃げることもしないで、思考が同じ場所にとどまり続ける。水や空気と同じで、思考も変化しないで同じ場所にとどまっていると、どうしても淀んでしまうものだ。そこを因数分解しないといけない。「悩む」という言葉を封印して、思考を因数分解し、言語化していかないと、行動に移せない。

ぼくはもともと大手企業の会社員から独立し、自分の会社を作ったというキャリアのため、広告・メディア業界の知人から、「会社を辞めようか悩んでいるんです」という相談を受けることが多い。これには今のところ100％断言できる法則があるのだが、「会社を辞めようか悩んでます」と言って相談にくる人が会社を辞めることはない。悩んでいるということはモヤモヤと漠然とした思考が言語化できていないということなのだ。思考が明確になっていないのに新しい行動をとれるわけがない。せっかく入った大手の広告会社やメディア企業を辞めるにはそれなりの思考に基づいた断固たる決意と、未来に向かう具体的な計画が必要だ。

一方で、実際に会社を辞める人は「会社を辞めるので、いろいろ教えてください」というスタンスでくる。彼らは悩んではいない。「会社を辞める・会社を辞めない」という自分の人生における、2つの選択肢をすでに比較して思考し、自分なりの仮説として「会社を辞める」ほうが人生にプラスになることが多いという結論を出した上で、相談に来ているからだ。

思い返せばぼく自身、博報堂を辞めて独立する際に、誰かに独立するかどうかを相談したことはなかった。自分なりに思考を積み重ね、会社組織にいないとできないこと、会社組織を出て初めてできることを、それぞれ比較して、独立しようという意志を固めてから報告しようと思っていた。会社を辞めることはもちろん、人生における転機においては、不安や焦りもあって、つい思考が浅くなり漠然と「悩む」行為にとどまってしまうことも多い。精神が不安定だと呼吸も思考も浅くなる。しかし、緊急事態ほど深く呼吸し、深く思考したほうがいいのも事実だ。

かつて博報堂の先輩に言われた言葉を覚えておいてほしい。**「この世にはどうにもならないことはない。たまにどうしたらいいかわからなくなるだけだ」**ってね。落ち着いて考えれば大丈夫だよ。

場の発言力を持ちたいなら、言葉の「ランキング」を編集する

すぐに言葉が出てこないという人がいる。「言葉にすることがない」のではなく「言葉にすることがありすぎる」という人も多いだろう。「何を大切にしてますか?」と聞かれても「もちろん仕事も大事だし、家族も大事にしてるし……」と大切なものがありすぎて優先順位をつけることができない。

そういう人は、「言葉で順位づけ」をすることが必要だ。

こんな訓練をしてはどうだろう。まず、思いついたことを言葉にして並べてみる。脳内でぼんやりと考えているとわからないが、紙に書くなどして可視化すれば「これはそこまで重要じゃないな」「こっちのほうが大切だな」とわかるはずだ。

一つひとつの要素を書き出して、目で見ながら自問自答をして、言葉の因数分解をしていくと、思考の輪郭がハッキリしてくる。それを一つひとつ言葉にし、具体的に検討していくことで自分にとって本当に重要なこととそうでないこと、またそれら一つひとつの重要性の違いが浮き彫りになってくる。

また、どれだけたくさん話したい内容があったとしても、全部話そうとしてはいけない。順番をつける、そしてそれ以上にある程度、割り切ることも大事だ。
たとえば、映画の感想を聞かれて「あのシーンもよかったし、CGもきれいだったし、テーマにも共感できたし」などと並べ立てても、印象が薄くなってしまう。だったら1つ決めて「あのシーンはよかったです。なぜかというと〜」と掘り下げて話したほうが、相手は関心を持って聞いてくれるはずだ。

そして1つ決めて話したら、あとで「やっぱりあちらの話をしておけば」とは思わないこと。「1つ決めて言ったほうが印象は強くなる」ということを肝に銘じておこう。人間はそんなにたくさんのことを覚えてはいられない。言葉はいつだって一点豪華主義だ。博報堂の若手として企画出しをしていたとき、先輩のクリエイティブディレクターに**「要素が多すぎる、企画が渋滞してるよ」**って注意されたことを思い出す。

相手目線で「ランキング」の編集をする

自分の中での言葉の優先度の「ランキング」編集ができるようになったら、今度は

「相手」目線でのランキングの編集に取りかかろう。相手に好感を持ってもらえる人、場の雰囲気をつかむのがうまい人は、「相手」目線のランキング編集がうまいのだ。

たとえば醤油を、健康のために塩分を控えたい中年男性に売るのであれば「適量をかけられますよ」と言う。グルメな主婦に売るのであれば「高級料亭でも使われてますよ」と言う。

逆にシェフに「おいしいですよ」と言ってもそんなに響かないだろう。すでにおいしさは追求しているからだ。しかし「こぼれないから掃除がラクでしょう」と訴えれば響くかもしれない。

相手の立場になって、どう言われたら動くかを考える。相手の気持ちを考える、というのとは少し違う。

相手がどう言われたら嬉しいか、ではなく、相手がどんなメリットを知ったらその行動が変わるか、という視点が必要だ。もちろん簡単なことではない。相手と対話する中で、相手に対する理解を深めていくのだ。

いろいろ言いたいことが渋滞してスッと言葉が出てこないとき、パッとこうした優先順位をつけられる人は強い。まずは自分の中の優先順位、そして、相手にとっての優先順位。この2つを意識的に整理できると交渉や提案で有利に働くことは言うまでもない。

「垂直」の思考と「水平」の思考

言葉を生み出すのは言うまでもなく思考である。そして思考は2つに大きく分類される。「垂直思考」と、「水平思考」の2つだ。具体的に説明すると……。

「垂直思考」とは、論理的に思考を深めていくことだ。わかりやすく言うと「なぜなら」で思考を深めていくイメージである。

たとえば吉本興業の闇営業問題について「垂直思考」でこの問題を語ってみよう。闇営業自体はよくないとされている。しかし、ぼくはそれほど芸人たちが悪いようには思えなかった。なぜなら、吉本興業と芸人の契約はどうしても事務所主導で、芸人たちは搾取されていると言ってもおかしくない。なぜなら　吉本興業は「企業と個人の論理」が錯綜してしまっている。しかし、個人と企業は雇用・被雇用関係にあろうとも、原則的には対等な存在だ。なぜなら……という感じになる。

一方、「水平思考」で語ってみる。これは、似たような構造の話を見つけてきて共通点や相違点を探して論じるというスタイルだ。

広告クリエイターも「闇営業」をすることがある。たとえば企業に所属しているデザイナーが企業を通さず、友だちの会社に頼まれて仕事をする、というようなパターンだ。

さらに言えば、今は風俗産業でも闇営業がすごく多い。風俗店から派遣された女の子とお客さんがLINEを交換して、次回からは直で愛人として商売をする、という形も増えているらしい。

この問題の根っこは全部同じで「SNSの発達によって、組織がコントロールできないような人間関係や、予測不能のビジネスモデルが生まれてしまう」ということだ。

「垂直思考」はその事象について、「縦」に掘り下げて考えてみること。「水平思考」は、その事象と似た構造のものを持ってきて、その共通点と相違点について考えてみることだ。

そのときに大切なのが再三言うようだが、自分のスタンスを明確にしておくことだ。自分のスタンスさえあれば、それがスタート地点になって垂直思考にせよ水平思考にせよ、自分の中に言葉が生まれてくるはずだ。逆に言えば垂直でも水平でも、自分のスタンスがないと、自分なりの提案や発言はどうしても生まれにくい。

Kダブシャインという日本が誇るラッパーは「**ラップがうまい奴はいくらでもいる。それでも結局生き残るのは、言いたいことがある奴だけだ**」と言っていた。

「比喩力」を身につけると色々うまくいく

ぼくはよく、例え話がうまいと言われる。

比喩は類似構造を捉えて表現する手法だ。よって、先ほどの「水平思考」がカギになる。**ある事象の「構造」を捉えて、それと似た、もしくは同じ構造の話を持ってくる。**それがぜんぜん違う分野から持ってこられたらより面白い。

たとえば、ニューズピックスの落合陽一さんの番組「WEEKLY OCHIAI」に出たとき、落合さんという天才がいるのに、その番組の構成では、あまり彼の力が発揮されていないと感じた。観客や制作側に気を使うあまり、彼が本気で感じたことや最先端の研究の話ができてなかったのだ。そこでぼくは「こんなのボブサップにゲートボールさせてるようなもんじゃん」という発言をした。共通する構造は何かと言えば「非常に力のある人に、動きの小さい競技をやらせている」というものだ。「力の大きい人＝ボブサップ」、「力を発揮できない競技＝ゲートボール」という風に、それぞれ「水平化」したわけだ。

構造を捉えることと、その構造と同じだが、なるべく離れた事例を探し出すこと。その2つの組み合わせが「比喩力」である。

ある人が相手を怒らせるようなことをして「それってすごく失礼なことだよ」ということを伝えるときに「ガンジーが助走つけてぶん殴って来るレベル」という有名な比喩がある。怒りそうもない人を怒らせるぐらい失礼、という構造を捉えて別のことで表現しているのだ。

例え話がうまい人は「構造を捉えるのがうまい」ということに加えて、独特のユーモアセンスと水平思考で別の距離がある例を導き出すのが上手なのだ。日常会話で気の利いたオリジナルな例え話をぽんぽんと繰り出せると、わかりやすい説明になるだけではなく、独特のセンスやどんな世界観が好きなのかなどを、例え話を通じて相手に実感してもらうことができる。

ちなみに、CMを作るときも、構造が同じ別のものに置き換えると面白いものになることが多い。

お笑い芸人の漫才なども実は、例え話の構造を使って、それをあまりにも遠いものに例えたり、ちょっとずらしたりすることでできていることが多い。

タカアンドトシの有名なツッコミ**「欧米か!?」**、南海キャンディーズの山ちゃんのツッコミ**「ジャニーズ語るくらいのテンションで枝の話してる」**なども比喩が秀逸であるがゆえに、ツッコミがボケとして、笑いの起点として機能しているパターンだ。

実際に職場や家庭で、ちょっとした意見の食い違いがあって反論をするときにも、「それはちょっと違うと思います」って語気を強めて言うよりも、「あなたが言ってることって、F1で下町を走るみたいなことだよね」とか「(前は違うことを言ってたのに)8月の沖縄の天候くらい不安定だね」みたいな比喩を交えたツッコミとして異論を提出してみると、柔らかい印象になるし、気分が楽になる。

ハードボイルドの探偵小説作家として有名なレイモンド・チャンドラーは作品の中で主人公に**「強くなければ生きていけない、優しくなければ生きていく資格がない」**という言葉を残している。

「言葉にできない」ことを
言葉にする努力こそが
ビジネス

広告の仕事の最大の特徴は、あらゆることを言葉にする必要があるということだ。広告はアートではない。クライアントがいて、彼らが納得しない限りはどんな面白いアイデアも世の中に出ることはない。だから、あらゆる意思決定がクライアントに説明可能でなくてはいけない。デザインするときも「なんとなくカッコいい」「なんとなく黄色がいい」と言うことは許されない。「なぜカッコいいのか?」「なぜ黄色なのか?」を言葉にしなければ商売にならないのだ。

そして、こんな状況はどの業界にもあるだろう。「なぜこうしたいのか」と問われ、「いえ、それは……」としどろもどろになった経験を持つ人は少なくないはずだ。

しかし、それについて文句を言っていてはいけない。大きな仕事になればなるほど、それだけ多くのお金や、たくさんの人の時間がかかっている。だからこそ理由を聞かれたら、言葉できちんと説明しないといけないのだ。

たとえば上司に「なぜ、このお店でこの商品を優先的に売っていこうと思ったんだ」と言われたときも、「なんとなく」で済ますのではなく、言葉にすべきだ。なぜそう思ったのか、直観を掘り下げ、記憶や感情をたどっていこう。

「似たような商圏のお店で、似たような他社商品が売れていた記憶があるから」

「パッケージの感じが、お店のデザインと合っていて映えそうだったため、お客さんが手に取ってくれそうに思えたから」

人生の経験や過去の記憶をフル稼働して何か見つかったら、口に出してしまえばいい。データ整理はそれから。そもそもデータ分析だって、先に「あたり」がなければ、膨大に時間がかかるだけだ。

言語化の訓練を積んでいくと、瞬時に答えを導き出せる運動神経のような「直観」が身につく。ある事象を見て、パッと「こういうこと」と言い当てられるようになる。

もちろん、そういった直観はものすごく大切だ。そして経験上、ほぼ「直観が答え」である。余計な理屈がない分、ピュアに事態の本質を捉えていることが多い、言語化できないからこそ直観は強いし、正しい。

ただ、ビジネスの現場で「直観です」と言っても、よほどの天才や巨匠ではない限り、周りには納得してもらえない。直観というのはこれまでの人生で経験してきた様々な価値判断の集積であり、脳を総動員させて最速で出した結論。その人の過去の経験をあらゆる角度から見て判断したものだ。その「直観」という脳の判断に言語を追い付かせる必要がある。周りに説明するために言語を後付けしていく作業が必要なのだ。

「直観は直観だから、しょうがないだろ」と言ってはいけない。

直観は言葉にできる。そう信じることから始めよう。そして、直観を言葉にする努力こそが「ビジネス」でもある。言葉にすることでハンコをもらったり、再現可能性を作ったりする。「言葉にできない」を言葉にするから、お金をもらえる。もちろん感動することがいちばん大切だが、そこから先の「言葉にするための努力」を放棄したら、それは思考の怠慢である。

情報の断片を積み重ねて論理を作る。それこそがビジネスであり、お金になるプロセスなのである。

「議論の余地がないなんて、ありえない。この世には議論の余地しかないんだ」。受験生の頃、予備校の先生に教わった。このときの議論は、アイドルの水着グラビアを見るとき、胸に目が奪われるか、お尻に目が奪われるか、という議論だった。この議論が人生の何の役にも立たないことはおそらく議論の余地がない。

感じたことをどれだけ言葉にできるか

言葉は「道具」でしかない。言語化は人生を少しでも思い通りにするための「手段」だ。

たとえば「ある人のことを好きになる」ということは言葉にできない。直観だったり、これまでの人生を通じて感じる「人生における事件のような何か」である。

ただ、「直観的に好き」では、人は動かないし納得できない。

だから、その直観を人に伝えて、人の行動を変えたり、社会に適用させていくために、人は言語を積み重ねていくのだ。もちろんその直観をそのまま言語に100％置き換えることは不可能だ。しかし社会でそれを形にするために、それでも人に伝える。言葉にするというのは思考が現実に追いつき、乗り越えられるかどうかの実験でもある。そんなことを我々は常に脳内で試み続けているのだ。偉すぎる。

直観や「言葉にできないけれど抱いた感覚」というものは、実は言葉なんかよりもはるかに大切なものである。逆に言うと、その「言葉にできない」を言葉にするために言葉があるのだ。

「あの人とぜひ仕事がしたい」と直観で思ったとしよう。これは直観だ。5分、10分顔を見て話しただけで「この人と仕事してみたい」とどうしようもなく思うことがある。その理由は、なかなか言葉にできない。

ただ「いや、なんかいいなと思ったんですよね」では相手はわかってくれない。納得しづらい。そこでぼくは「過去に実績がたくさんあって、あなたの話していることはすごくぼくの思想とも合っていて、あなたのうなずき方や話の引き出し方が素晴らしいので、ぜひ一緒に仕事がしたいのです」と言うわけだ。全部正解だが、全部嘘でもある。本当にそうなのかは厳密にはわからない。人は案外自分のことを知らない。

しかし、その時点での直観を言葉にする必要があるのだ。もしそれを言うことができれば、目の前の人は相手がどれだけ自分のことを思っているかもわかるだろうし、もし口にしなければ、その他大勢のうちの一人となって終わるだろう。直観を証明し、直観を行動化し、直観を社会化するために言葉はある。

そのときに感じたことを、どれだけ丁寧に言葉にして人に伝えられるか。直観は

100%正確に言葉にすることはできない。しかし、その100%正確ではない、ということに対して謙虚になりながら言葉を重ねていくしかない。言葉こそが我々のたった一つの武器だ。これがなければ世の中と対峙することなんてできない。

「めちゃめちゃ怯えろ、そしてそれをやれ」。世界で最もイケてる広告クリエイティブを開発するバーガーキングのクリエイティブチームのスローガンだ。

どんどん言葉に
すればいい

少し乱暴かもしれないが、ここまで思考を言語化するためのテクニックについて語ってきた。しかし、究極的には、優先順位がどうこうを考えるよりも、まずは迷ってないでどんどん言葉にしたほうがいい。質は量から生まれる。その逆はない。

思考を言葉にする作業はフローの作業だ。頭の中に生まれたきらめきや一瞬の情報の断片を捕まえるときに立ち止まって迷っていると、「波に乗る」ことができない。どうせ言葉なんて発した瞬間から消えていくものなのだ。だから、臆せずにどんどん外に出してしまえばいい。言葉は発せられた瞬間に世界に刻まれる。誰も聞いている人がいなかったとしても。世界のどこかでその言葉が発せられたという事実は残る。

会議でもなんでも「何も言わない」というほうが罪だ。何度でも言うが、誰しも必ず他人とは違う視点を持っている。必要だから、評価されているからこそその場に呼ばれているのだ。発言しなければいけない。それは時として権利ではなく義務だ。

たとえば「1時間アイデアを出し合おう」。

そのときに、若手に対して「ぜんぜん違うよ」と言ってしまうのか、「お前がそのアイデアを出してくれたことで、このアイデアの方面は違うな、ということがわかった」と言うのか。的外れな意見だったとしても、無限の可能性の中から1つ可能性が減るわけだ。だから、アイデアを言葉にしない、発信しないのは、ことブレストにおいては「罪」なのである。

「やってみたけどダメだった」というのは進歩だ。それは無限の可能性の中から1つ選択肢が減るということだからだ。広告代理店では、若手のコピーライターは100個以上の案を出すのが普通だ。それは「100個の正解」を探っているのではなく、「間違いが間違いである」ことを確認するために言葉にしているのだ。

最終的には、最初に出てきた「1案目」に決まることがほとんどだ。打ち合わせをしていると「これだな」と全員が思う瞬間がある。それでも100案書くことに意味はある。その100案の中に正解がないことで、安心して世に出すことができるからだ。そこがプロとアマチュアの違いなのだ。

広告の仕事でよく使う言葉が「これ、1回検証で作っといて」というものだ。検証というのは、たとえばロゴの色を決めるとき、みんなが「青がいいな」と思っていても、他の色で作ること。大事なのは、考えながらでも、一度手を動かすことだ。渋谷の109に生理用ナプキンを掲出することで大きな話題になった「SPUR」の創刊30周年記念広告でもコピーについては、若手のコピーライターを中心にかなり悩んでいた。「時代はいつもあなたから変わる」「あなたの時代がやってくる」「Just Be Yourself」など、様々な可能性がある中で、どう考えたって「時代はいつもあなたから変わる」なのだけれど、その「どう考えたって」を裏付けして言語化する。その検証が大切なのだ。

少し話がそれたが、「正しい、正しくない」は脇に置いておいて、どんどん言葉にすればいい。そのうち「これだ」という言葉が見つかるはずだ。

言葉は、下手でもなんでもいいから、どんどんアウトプットしたほうがいい。とにかく、量があって初めて質が生まれるのだ。ゴルフでも打ちっぱなしに何度も通ってボールをたくさん打たないといいスイングはできない。コピーライターも100案、1000案と書くから、いいコピーとは何かがわかるようになる。

間違えたことのない人間が成長することはない。間違えた数が、そのまま成長の係数に変わっていく。だから間違いの案だとしてもどんどん出していくべきなのだ。

エジソンも**「私は失敗したことがない。ただし1万通りのうまくいかない方法を見つけただけだ」**という有名な言葉を残している。

「自分の言葉」でなくていい。
「引用」でもいい

「言葉にする」と言うと、自分のオリジナルの言葉を話さないといけないのかと思われがちだ。「自分の言葉で話せ」というセリフもよく聞く。しかし、言葉を生業《なりわい》にしているぼくですら、「自分の言葉で話す」のは難しいと思っている。

そもそも、自分の言葉とは何か。それは言い回しを自分で考えるということではない。また、オリジナリティのある、ありきたりでない言葉という意味でもない。「ありがとう」「愛してる」「頑張る」……どれもありふれた言葉だが、状況や心情によってそれは自分の言葉になりうる。つまり、自分の言葉とは、自分自身の思考から生まれた言葉だ。それが自分の言葉である条件はたった1つ。その言葉を自分が信じられるかどうかだ。

ぼくは「自分の言葉」を生み出すときは「サンプリング」をすることが多い。誰かの言葉を引用することを「サンプリング」と言うが、これは日本の和歌の世界と近いかもしれない。和歌の世界には「本歌取り」という概念がある。元のものがあって、それを引用してきて自分の歌をうたうわけだ。

ぼくは偉人の名言をすごく引用する。文脈を変えて、過去の言葉を今に活かすのである。

言葉というのは、文脈によって、誰が話すかによって、意味がぜんぜん違ってくる。たとえば「デブだっていいじゃん」というのを、やせた人が言うのと、太ったぼくが言うのとでは意味が変わってくる。「平和がいちばんだ」と日本人が言うのと、戦火を逃れてきた難民が言うのとでは重みが違ってくる。

自分の立ち位置と言葉の掛け合わせによって、意味が変わってくるのだ。よって、必ずしも「自分のオリジナルの表現」である必要はないのである。

自分の中に欲求や理想があって、それを表現して実現するために「言葉」がある。それがないと単なる「上っ面」になってしまう。欲求、理想を社会に実装するための手段として言葉があるのだ。

そもそも言葉というのは「組み合わせ」である。

「まったく新しい言葉を生み出す」などということは不可能だ。新しいように見えているものでも、すべてはこれまでの言葉の組み合わせなのだ。

よって、言葉を上手に操るためには、言葉を「集めておく」ことが有効だろう。組み合わせるための「素材」が、言葉を集めることで増えていく。

ぼくは会社員になった頃からずっと「名言のメモ」を書きためている。「これはいいな」と思ったものはすぐにメモしている。ちなみにメモの最初のページの言葉は「過去は終わったことで、未来はわからないこと」というみうらじゅんさんの言葉だ。

言葉を集めていくと、知識や感情の層が積み重なっていく。

最近はメモよりもツイッターに書くことが多くなった。打ち合わせ中に自分が言った言葉や「これって、さらに思考が続きそうだな」と思ったら、それをツイッターに流してしまうのだ。これはバズらせるためというよりも、思考のメモの一環としてやっていることである。

ツイッターに書くことで情報の海に放流すると、思わぬ反応があったりする。そこからさらに自分の思考が進んでいくこともある。メモをSNS上に公開することで他人の脳とも接続し、さらに深めることができる。

博報堂ケトルの嶋浩一郎さんは**「アイデアを放牧しろ」**と言っている。つまり、言葉の「タネ」を脳内に散らばせておけ、ということだ。すると、あとで勝手に組み合わさって、面白いアウトプットになるということだ。

「語彙力」もいらない

言語化が大切だからといって、「創出する」「醸成する」「訴求する」など慣れていない言葉を使う必要はない。よく若手のビジネスパーソンが書く企画書にはこうした大上段に振りかぶった、普段の会話では絶対に使わないであろう難しい言葉がまるで定型文のように使われている。こういった言葉が人の心を動かすことはない。まさに「因数分解」されてない、もっと言うと借り物の言葉だからだ。試しにこういった言葉を使った若手の社員に、「創出するという言葉を選んだ理由は？ 作り出すじゃダメなの？」と聞いたところで納得できる答えが返ってきたことはない。

大事な仕事の場面だからといって、普段使わない言葉を急に持ち出すのはおかしい。以前、博報堂時代、仕事でお菓子の広告を作っていたとき、先輩のプランナーが企画書に「現代の社会におけるチョコレートパイの新しい価値を創出する」と堂々と書いていて危うく吹き出しそうになったし実際に吹き出してしまった。チョコパイにそんなにデカい価値を背負わせてどうするんだろうか。実際には「チョコパイを普段食べていない人にも手に取ってもらう」くらいの感じでもいいだろう（むしろそのほうが具体的なイメージができてチームが動きやすい）。

若いうちは特に、こういうちょっと頭がいいと思われそうな言葉を使いがちだ。なんとなく「背伸び」して使っていることがバレてしまうにもかかわらず。社内で上司に出すプレゼン資料でもよく見られる。心ある人からすると、こういう言葉を使っている時点で「思考停止」していることが見え見えだ。

もしあなたがこんな言葉を使いそうになったら、あるいは上司としてそういった言葉を使って資料を上げてきた若者に対して、きちんと「それって本当に醸成なの？訴求ってどういうこと？　伝えるじゃダメなの？」と問いかけなくてはいけない。本当にきちんと考えて出てきた「訴求」だったらまったく問題ない。考え抜いた上で100％「訴求」でいいんだという確信があれば、それでいい。ただ、何も考えずに周りが使っているからといって、自分でも意味がわからない言葉を使うのは危険だ。世界も、自分も、何も見えていない。バカの証拠である。「醸成」「訴求」「創出」といった「頭がよさそう」に見える言葉ほどバカらしいから気をつけたほうがいいのだ。

難しい言葉を使うよりも、むしろ自分で使いこなせている言葉を組み合わせていったほうがいい。きちんと「言葉の因数分解」ができていると、自然とそうなるはずだ。

昭和日本を支えた偉大なる経営者、稲盛和夫は**「バカな奴は単純なことを複雑に考える。普通の奴は複雑なことを複雑に考える。賢い奴は複雑なことを単純に考える」**と言っていた。

言葉がまとまらないときは
「発言のフォーマット」を使おう

会議や交渉などの場面では、「発言のフォーマット」を用意しておくとスッと発言ができるだろう。


ぼくの場合はどんなことを説明するときも「3つあって」と言う。

「今回の勝負に勝つためのポイントは3つあって……」

「あなたと同棲するメリットは3つあって……」

「今回の仕事の難しいポイントは3つあって……」みたいな感じだ。

最初はそれこそ賢い奴ぶっている感じがして恥ずかしいが、続けていくと自然に3つは発想できるようなクセがつく。


3つ思いついていなくても最初に「3つある」と言ってしまうのがコツだ。人間の脳は強制に弱く、自己暗示に案外素直にしたがってしまうところがあるので、このように言うと、意外と3つ何とかひねり出せるようになっていく。騙されたと思って試してほしい。ちなみに、どうしても3つめが出てこなかったときの切り抜け方も説明しておく。

「……3つめは、1つめのルールと2つめのルールをどんなときでも守り抜くということです」（A）

というのがパターンA。これも多用すると飽きられてしまうので、もう1つ、教えておこう。Aに飽きてきた頃に使うと有効なのが次のBだ。

「……3つめは、1つめのルールと2つめのルールをいざというときは無視するということです」（B）

「結論から言う」というのもフォーマットだ。「あなたはこう思っていて、世間ではこう言われていて、それで……」などと話し始めると「こいつは何が言いたいんだ？」と思われてしまう。まず「ぼくはこう思います」と言い切ることだ。そのあとに理由や例を述べればいい。

「逆に」という言葉もよく使う。たとえば「今回のCMは子ども向けだから、若い子ども向けのタレントを使ったほうがいいかもね」と言われたとき、「なるほどね。**逆にアニメっていうのもありますよね**」などと言う。論理的にはまったく「逆に」ではないことも多いが、自分のアイデアを伝えるときの枕詞のようになっている。

第2章

印象に残る言葉、一生残る言葉をつくる

「印象に残る言葉」を
いかに生み出すか

ぼくは職業柄、インパクトのある「強い言葉」を生み出すことを得意としている。ラップの世界では記憶に残り、感情を動かす強い決めの言葉を「パンチライン」と呼ぶ。最近ではぼくがツイッターや講演会などでよくこの言葉を使うため、ビジネス界隈でも使われるようになってきた印象がある。少なくともラッパーではないぼくやあなたは仕事や生活でどうやってパンチラインを生み出し、打ち込んでいけばいいのだろうか。

パンチラインラップのフリースタイルバトルの世界では、その一言で勝負が決まってしまうことがよくある。

呂布カルマによる**「言葉のウェイトに差がありすぎる」**

FORK（ICEBAHN）による**「井の中の蛙、大海をしらねぇ、お前はこのあと必ず白旗をかざすよ」**

といったものが有名だ。

ぼくたちはラッパーではないので、韻を踏んだり相手を罵倒する必要はないが、それでもたった1行の強い言葉で、相手に対して強く印象を残し、状況を一変させる言葉を手にすることができたら、仕事や人間関係がうまくいくようになることは間違いない。

ぼくは仕事で企画書を書くとき、人に手紙やメッセージ、LINEで長い文章を送るとき、そして何かのメディアの取材に答えるとき、常に、パンチラインを残すことを意識している。

いわゆるネットの記事やツイッターでバズるような内容にするために、ぼくが気をつけている最低限のことは、

- **「短くシンプル」か**
- **「意外性」があるか**
- **「学び」があるか**
- **明日から「すぐにやれる」か**

という4つのポイントだ。

たとえば人脈についてのインタビューを受けたとき、「会いたい人こそ、自分から

会いに行ってはいけない」と答えた。**短くシンプル。**この1行が見出しになるだろうし、これでおそらく数字が取れるだろうな、ということがぼくにはわかっていた。

少し解説すると、まず、強い要素として通常言われている教訓とは逆のことを言っている。**ここには意外性がある。**SNSができてから、憧れの人や、尊敬する業界の大物とつながることが簡単になった。そういう人には自分から会いに行ってつながりを作ったほうがいい、という風潮があるが、ここでは、相手にとってメリットのある人物になって、先方から会いたいと言われるようにならなくてはいけないという話をしている。**最後は学びであり、しかも明日からすぐできる話だ。**その上で、わかりやすい言葉でリズムよくまとまっている。自然に話しているようだが、実はこのあたりまで計算して発言しているのだ。

講演や会議、打ち合わせでも、「強い言葉」を使うよう意識すると結果は変わってくる。そういった言葉は、どうやったら生み出せるのか？

先に簡単な4つのポイントを紹介したが、ここでは、より本質的な話をしていきたい。こちらもポイントは4つある。

1つめは**「視点を上げる」**ということだ。

自分が「社員」だったら「部長」の視点、自分が「部長」だったら「社長」の視点で、1つ上の立場でものごとを見てみるといい。

たとえば、一般社員のあなたが「会社に行きたくない」と思っていたとする。そこで一般社員として言葉にするのではなく、社長の視点で見てみる。すると「我が社の問題は、社員が会社に行くことを楽しくないと思っていることだ」ということになる。さらに、主語を会社にするともっと言葉に強さが生まれる。「この会社は行きたいと思われる場所になっていない」。どうだろうか。自分の視点を上げてみるだけで、個人の話ではなく、もっと大きな企業や社会の話に聞こえてくる。あなたの気持ちには興味が持てなかったとしても、社会や自分が勤めている会社については関心を持たざるをえない。

2つめは**「領域を広げて、一般化して考える」**だ。

たとえば読者モデルをやっている友だちが、インスタグラムのＤＭでセクハラをされて大変だったという話を聞いたとする。この事象を、領域を広げて一般化してみる。「友だちの女の子」を「女性全体」、「インスタグラム」を「人生」に、「DMのセクハラ」を「悪意」に広げて考えてみる。すると「実は世の中の女性は、生きているだけで悪意にさらされている」という言葉になる。友だちの身に起きた個人的な体験ではあっても、対象を広げて考えてみるとすごく「強く」聞こえる。社会に対する発言になるからだ。

あるいは、今勤めているブラック企業を辞めたいと相談を受けたとする。彼に対して「……で働くのは大変だよね。でも、思いっきり全力で働く経験がないと、その企業の組織風土が悪いのか、その業態に君が向いてないだけなのかわからなくなって、次の転職先を選ぶときに悩んで、また同じ失敗をして同じ状況になってしまうんじゃないか?」という意味の回答をしたとする。そのとき、ブラック企業と、本人の働く姿勢と転職についての意識の話に一般化してみると「全力でやったときだけ、失敗は前進である」というパンチラインに集約されるのだ。

3つめは**「逆張りをする」**である。

たとえば、みんな「人脈が大事だ」と言っている中で、「人脈なんて言葉を使っている奴はクソだ」と言えば、これは明確な逆バリになる。人脈が大事ということは誰でもわかっているので、あえて「人脈はクソ」と言うことでセンセーショナルなことを言っているような印象を与える。

徹底的にマイノリティの立場をとる。あえて逆のことを言う。「SNSで世界が広がっている」とみんなが言っている中、「SNSは世界を狭くしている」と言えば、強い言葉になる。記憶に残る。なんで?という風に意識を向けることができる。議論が生まれる。もちろんなんでも逆張りすればいいというものではない。「人脈はクソ」という言葉の裏には「つながっていることだけを価値にしても、本人の成長にとっては意味がない」という真意が隠されている。「SNSは世界を狭くする」という言葉の裏には、SNSは誰とでもつながることができるシステムだが、実際には知り合いや興味のある人とだけつながっているので、結果として世界を狭くするようにしか使われていない、という本当の複雑な意味が隠されている。こういった本当に伝えたいことを伝えるためにも、まず逆張りした強いメッセージを発信することはとても有効だ。

第2章

印象に残る言葉、一生残る言葉をつくる

「印象に残る言葉」をいかに生み出すか

1　視点を上げる

この会社は行きたいと思われる場所になっていない ＝ 会社や社会の話になっていて興味が持てる

会社に行きたくない ＝ 「その人の気持ち」にとどまるので関心を持ってもらえない

2　領域を広げて、一般化して考える

インスタグラム→人生
DMのセクハラ →悪意

「友だちの女の子がインスタグラムのDMでセクハラされた」（個人の体験）
↓（一般化）
「世の中の女性は生きているだけで悪意にさらされている」（女性全般の話）

3　よく言われていること ⟶ 逆張り

SNSで世界は広がる→SNSは世界を狭くする

4　ゴールから逆算

「お酒を飲んでほしい」のゴールは何か→「無理をしてほしい」
→お酒以外で面白さや関係性を見せればいい

4つめは、**「ゴールから逆算する」**ことだ。

何よりも、人が気づいていない世界の真実、本質的なことをきちんと言えば、それは当然ながら強い言葉になる。本質的に考えるためのポイントは「ゴールから逆算する」ということだ。

「新R25」というWEBメディアの記事の人生相談で「お酒は飲めないのですが、広告業界で活躍したい。どうしたらいいでしょうか？」と聞かれた。確かに「お酒を飲めないと、広告代理店では出世できない」というような印象がある。飲み会ではお酒を飲んだほうが周囲の人からの印象もいいし、お酒を飲めない奴はつまんない奴だと思われがちな状況もある。

ぼくの回答はこうだ。

酒が飲めないなら、別の面白さを見せればいいだけ。

お酒が飲めないことも武器にして、「お酒飲めるってうらやましいです！」とか、「お酒飲むの憧れます〜」って開き直って話せばいい。

こういう世の中の思い込みについて考えるときこそ、ぼくはゴールから逆算して本質を見つける。「お酒を飲んでほしい」と言う人々の欲求の本質は何か？　この場合の、人々が求める本当のゴールは「お酒を飲んでほしい」ではなく「無理をしてほしい」ということだ。広告業界でなぜあんなにお酒を飲むのかといえば「無理をしてほしい」からなのだ。

本筋からは離れるが、少し解説しておこう。あなたがもしテレビ局の人間でCMの枠を売るとしたら、A社とB社どちらに売るか。おそらく担当者と仲がいいほうを選ぶ。なぜか。CMの枠を売るときの金額自体はA社もB社も変わらないからだ。そしてその「仲がいい」という曖昧な関係性を何で証明するのかというと、「無理をし合える関係かどうか」で証明することになる。くだらないとは思うが、この無理をし合える関係かどうかを確かめるために「お酒をいっぱい飲む」という文化が生まれるのだ。流石に令和の時代になって昭和・平成のときのような、靴に酒を入れて一気飲みしたり、店の酒がなくなるまで何時間でも居座るみたいなことはなくなっているだろうが、それでも、メディアと代理店の若者が一緒になって豪快かつ強引なお酒の飲み方を通じて絆を強め合うみたいなことは今も続いているような気がする。

ということは、ゴールから逆算すると、「仲のよさ」を示すことができればお酒なんて飲まなくてもいい。本当の目的はお酒ではないからだ。ちなみにぼくはフルーツジュースがおいしいバーを何軒か知っていて、2軒めに行こうってなったときに率先してお店を押さえるようにしている。

みんながウイスキーとか飲んでるときに、ぼくは「スイカのノンアルコールカクテル」とか「イチゴミルク」とかを飲んでいるのだ。おいしい。

常に「この場合の本当のゴールはどこか？」を考えることである。そうすると問題の本質が見えてきて、それに対して率直に答えれば、自然と強い言葉になる。

マーケティングの世界では**「顧客が本当にほしいものはドリルではなく、穴である」**という有名な言葉がある。表面的な要求にいちいち応えるのではなく、そのとき本当に求められていることは何か、立ち止まって思考してみるといいだろう。

変化の時代における
「常識」は「過去」のもの

問題の前提を疑え!!

ぼくは仕事で何か企画を考えるとき、必ず、最初に問題の前提を疑うところから始める。たとえば、

「新しいカフェチェーンを考えてほしい。若い女性が来たくなるようなお店で、スターバックスから客を奪いたい」

みたいな相談が来るとする。まず、カフェでいいのかを疑う。今、本当に若い女性がカフェに来るのかも疑う。客を奪うべき相手がスターバックスなのかも疑う。

クライアントが本当に求めているのはカフェを作ることではなく、企業としての成長なので、そのための最適な手段が本当にそれでいいのか、一度きちんとゼロベースで検討しないといけない。

あなたが医者だったとする。患者さんが大慌てで病院に来て「お腹が痛い、虫垂炎だ、手術してくれ」と言ってくる。このとき、痛みで混乱している患者さんの発言を

真に受けていきなり手術の準備を始める医者がいたとしたらそんな危険なことはない。問題の当事者は自分を俯瞰することができないし、おまけに専門的な知識もない。どれだけ雄弁に自分の症状や問題を語ったところで、それが正確にその人の問題を説明できている保証はどこにもない。もっと言えば、雄弁に語っている人ほど怪しい。自分のダメージに酔っていることもある。人は皆、悲劇の主人公になりたがるものだ。

世の中の常識を疑え!!

そして、顧客の条件以上に最も疑わなくてはいけないものがある。常識。世の中の常識だ。なぜか。今の時代が人類の歴史上最も予測不可能な変化の時代だからだ。テクノロジーや、社会の常識の変化について、ちょっとまとめよう。

・たとえば5Gが普及する。情報流通が速さにして100倍、容量にして1000倍になる。リアルタイムのVR中継や、街中での立体映像投影が可能になる。もちろんエンタメも変わるし、地図の考え方も変わる。

・たとえば自動運転が実用化され、市場規模は22兆円にもなると言われている。車に住む人が生まれ、移動する住居も一般化するだろう。そうなると当然、都市設計の考え方も抜本的に変わる。

・たとえばブロックチェーンも一般的なものになる。市区町村あるいは部活、アイドルのファンクラブといったものが独自のコミュニティとして経済圏を作ることができるようになる。お金の稼ぎ方が変わるということは企業のあり方も変わるということだ。

・たとえば働き方も大きく変わる。2020年には2000万人つまり人口の6分の1程度がフリーランサーあるいは副業従事者になる。さらに言えば日本人の30％は高齢者になる。今までと同じ考え方でサービスや福利厚生をデザインするわけにいかないのは火を見るより明らかだ。

・テクノロジー、社会制度、何より人口動態……これらの社会の大きな変化からは誰も逃れられない。あらゆる動きが重層的に重なり合い、特定分野の専門家では未来に対する予測ができなくなる。ドラッカーは「未来を予測する最良の方法は、自分で未来を創り出すことだ」って言ったけど、それはもはや綺麗事でも精神論でもなく現実的な心構えでしかない。

変化の時代における「常識」とは「過去」でしかない。今の時代の変化を例えるならば、みんなで一生懸命「サッカー」をしているうちに、気がついたらルールが変わって「アメフト」になっているような状況だ。しかし、恐ろしいことに、誰もルール変更を教えてくれない。こんな時代はサッカーのルールが本当に今でも有効なのか疑いながら恐る恐るボールを手で拾ってゴールめがけて駆け出す奴が一人勝ちする。

実際にビジネスの場面では「会議中にスマホを見るな」とも言われる。しかし、これもすでに古い価値観だ。家ではテレビを観ながらスマホを見るし、スマホを見ながら料理することもある。かつて、優秀な人間の代名詞だったマルチタスクという能力が、今の人間にとっては標準装備になっているのだ。飛鳥時代は聖徳太子が一度に10人の話を聴き分けただけで伝説になったが、今の人々はフェイスブックやインスタ、LINEを駆使して、一度に何百人もの人々とコミュニケーションを取ることが普通になっている。だから会議のときにスマホを見ることも「集中していない」ということにはなるはずもない。

いくつかの仕事を同時にスムーズに進めていくことを考えたら、スマホを会議中に見るということが合理的な結論になる。すでに世の中の「常識」というものは、ほとんど耐用期限が切れているのだ。

まずはフラットな気持ちでその常識が今の社会でも遵守するべきものなのか、それをちゃんと検証したほうがいい。「本当にこの常識守ったほうがいいんだっけ?」ということを考える。「メール冒頭の挨拶」も過去のものかもしれない。毎回「大変お世話になっております」と入れることは必要なのか。ぼくは名刺交換もいらないと思っているくらいだ。耐用期限が切れている常識に対して、したがう必要なんてない。論理的に、率直に、効率的に、自分の頭で考えて行動するということが大切だ。

世の中の常識だと思われていることに対して、常識とは違うがむしろ本質的なことを提案すると強い言葉になる。それは多くの人に感心されるし、納得されるはずである。かつて、ぼくがある企業の10周年記念のパーティで書いたコピーを今また改めて思い出す。

「前進する者にとって、現在とは常に最新の過去である」

あらゆるものの「なぜ」を考える

言語化の訓練は、シンプルに言うと「WHY」を極めることだ。毎日膨大な情報があなたの目の前を通り過ぎていく。同僚との会話、仕事の打ち合わせ、出勤中に見かける広告、ついつい意識を奪われてしまうSNSとゲームとネットニュース……仕事の場だけではなく、家で漫然とテレビを観ていても情報の洪水があなたを取り囲んでいる。そうすると人間は防衛機制を働かせてしまう。一つひとつの情報に真剣に向き合っていると脳が過負荷の状態になってしまうため、一つひとつの情報に対する向き合い方が薄まってしまうのだ。

そんなとき、WHYの気持ちを見失わないための簡単な訓練法を教えておく。家でテレビを観ているときに、ツッコミを入れていくのだ。

ひな壇に並ぶ芸人さんたちを見ていて、気になること、不思議に思うこともあるだろう。「なんであいつ、つまんなそうなんだろう?」「なんであいつやる気ないんだろう?」「やる気ないとしたら、なんで番組側はそれを放置してるんだろう?」……。そんなことをしっかりとツッコみ、うっすらとその理由を考えていく。

そんなWHYの積み重ね、仮説検証を繰り返すことで、早く、的確に思考する訓練ができて、印象に残る言葉を生み出す体質になっていく。

アップル社が事業について考えるときのゴールデンサークル理論は、シンプルに言うと「WHAT(何を)よりもHOW(どうやって)よりもWHY(なぜ)から始めることが何よりも重要である」ということだ。

なるべく「個人的」な話をする

現代は、一億総コメンテーター時代だ。誰もが何かを言いたがっている。事件が起きたらコメント。ヒット映画を見たらコメント。ツイッターでコメント。フェイスブックでコメント。noteでコメント。就活でコメント。転職したらコメント。人生におけるあらゆるタイミングでコメントを求められてしまう。これがいいことなのか悪いことなのかはまた別の議論にしよう。SNSによる評価経済と、言葉の価値が高まった結果起きた不思議な現象だ。だが、待った無しにコメントを求められる機会は毎日いくらでもやってくる。こんなときに、多くの人が失敗しがちなポイントがある。コメントで評価されようとするあまり、大きな話、いい話、キレイゴトを話しがちになる。大間違いだ。

何か自分に関係ない社会のことやニュース、コンテンツについてのコメントを求められたときは、大きな一般論ではなく、なるべく個人的な感覚や、個人的なエピソードについて話をするのがいい。

というのも、どんな現象に対しても総論になってしまうと全員一緒になってしまいがちだ。同じ国で同じ時代を生きているのだ。そんなにユニークな議論が出てくることもないだろう。だからこそ、個人的な話をする。過去の経験や、自分の仕事、自分の将来の目標、自分のスタンスにこだわって、その立場、そのエピソードを関連させて話すしかない。自分にとっては当たり前のことや身の回りのことでも、他の人から見れば特別なことということは思いの外たくさんあるものだ。

「息子が転んで起き上がったときに感動しました」とか「○○ちゃんがお弁当を3種類作ってきて、余った分を他の2人に食べさせた気配りに感動しました」とか。徹底的に個人的で具体的な話をするしかない。そういった自分自身が語りたい個人的経験と語るべきテーマのつながりを見つけて話すのだ。結果的にはそれが、ありきたりな総論なんかよりもはるかに多くの人の共感を生むことだってあるはずだ。この本の冒頭で例にあげた「保育園落ちた日本死ね」などはまさにその代表的な事例だ。「保育園に落ちた」というありふれた、しかし、極めて個人的な経験こそが同じ時代を生きる多くの人々の共感を生み、あれだけ大きなうねりを起こすことができたのだ。

新しい名前をつける

出版社を辞めて独立したばかりの知人で優秀なライター・編集者がいた。彼に独立後の仕事の進め方について相談されたことがあった。

そのとき、ぼくは「ライター」という一般的な職種名を名乗るのはやめたらいいのではないか、というアドバイスをした。「ライター」というのは少し軽い印象があるし、ただ書いて終わりなら、そんな人たちはどこにでもいる。もう少し自分が提供できる価値を、第一印象で伝わる名前で言い表したほうがいいのではないかと。

広告会社のクリエイターには、それぞれ「コピーライター」「デザイナー」「アートディレクター」「クリエイティブディレクター」という肩書きがある。

「デザイナー」は、文字通りデザインをする人で、もう少し丁寧に言うと、一つひとつの表現を最適化する人。「アートディレクター」というのは、それをもっとより統合した現象だったり企業全体のデザインを統括できる人間のこと。その上に「クリエイティブディレクター」がいて、その人が広告やブランドの設計全体を統括して、その仕事の責任を持つ。

だから、デザイナーの上位概念としてアートディレクターがいるように、言葉の世界を統合する「ワードディレクター」というポジション、職種の名前があってもいいのではないかと思ったのだ。

そうすれば、ライティングだけではなく、どんな言葉を使って世の中にどんな影響を及ぼすかみたいなところまで考えてディレクションする人という、新しい職業ができる。つまり、世の中に新しい価値を生み出せるわけだ。

実際に、noteなどで自分の想いを伝えることが、ビジネスでも、個人の活動でも大事になっている。そのとき何が価値を生んでいるかというと、「言語化」である。そして、それを生むためには、ライティングだけでなく、言語化のプロセスとしての「取材」も「価値がある」ということを世の中に伝えていったほうがいいのではないかとアドバイスした。結果として今、彼は単なるライター・編集者の仕事だけではなく、経営者のインタビューを元にその思いをnoteで代筆する仕事なども手がけていて、ますます人気が出ている。そのせいでぼくが仕事をお願いしにくくなったのは困ったものだけど。

こうやって、職業に別の名前をつけることで、その職種の価値が広がることは意外

「名前」で印象は変わる

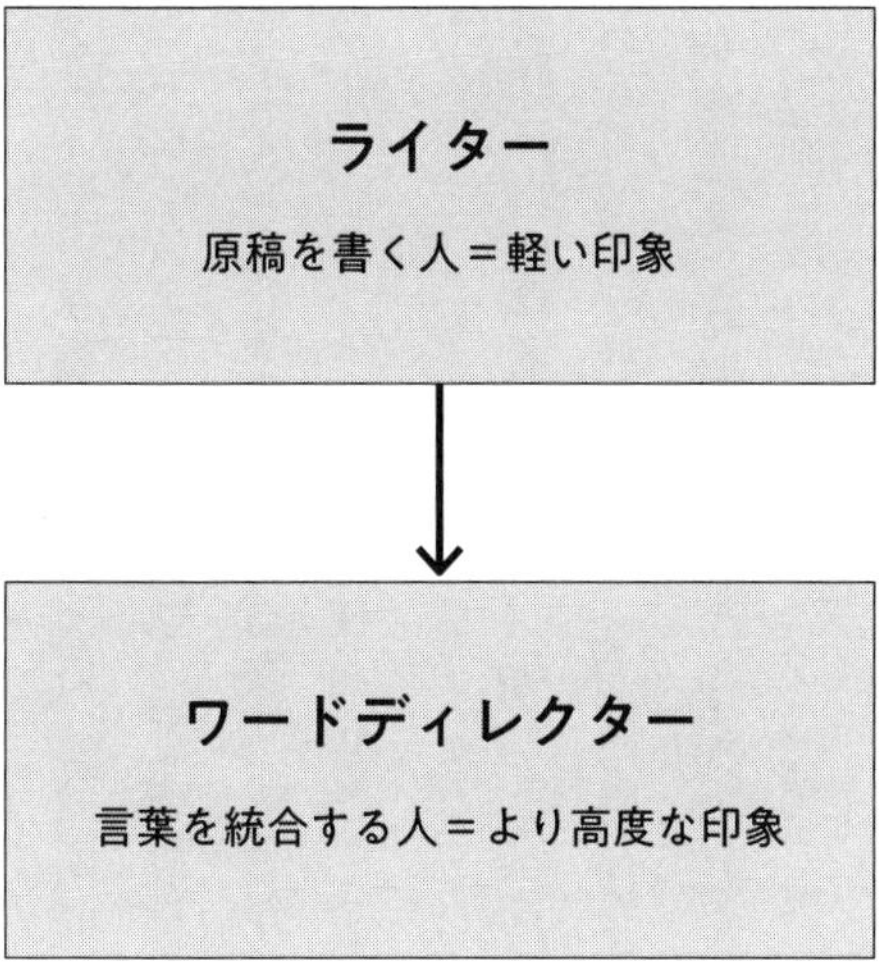
ライター
原稿を書く人＝軽い印象
ワードディレクター
言葉を統合する人＝より高度な印象

と多い。

昔は「読者モデル」と言われていた人々が今は「インフルエンサー」と言われたりする。単なる雑誌やWEBメディアのモデルだけにとどまらず、SNSを通じてマーケティングに影響を与える人という意味が加わっている。

また「キュレーター」という言葉も昔は美術館の学芸員として、美術展の展示物を決める仕事をする人を指していたはずが、今ではアートだけではなく、エンタメやカルチャー全般のプロデューサーのような意味で使われることも多い。


こうやって肩書きの意味は自由に変わったり、新しく作られたりする。

従来の肩書きにこだわらず、そのものに関する「価値」は、なんなのかを一度考えてみるといい。自分が何を名乗って社会に価値をもたらすのかを意識できると同時に、相手に自分の価値を正確に伝えられるようになるはずだ。

『ロミオとジュリエット』には**「私たちがバラと呼ぶ花が別の名前でも、同じように甘い香りがするでしょう」**という素敵なセリフがある。

「みんなが知っている」ものと並べる

博報堂といえば、電通に次ぐ日本第2位の規模の広告代理店だ。ぼくがこの会社に在籍していたとき、つくづく思ったのだが、博報堂が生み出した最高のキャッチコピーは「モーレツからビューティフルへ」でもなければ「生活者発想」でも「カワイイはつくれる」でも「プール、冷えてます」でもない。では何か。それは「電博」という言葉だと思う。日本における広告代理店はこの2社が代表である、みたいな印象を与えてしまう。

しかし、実際のビジネス規模は、電通が10としたら、博報堂は5、3位のADKは3くらいだろう。普通に考えたら電通の一強体制、あるいは電通・博報堂・ADKを3社並べて御三家と呼んでもいいかもしれない。しかし「電博」という言葉によって、電通と博報堂の2社がセットだというイメージを植え付けた。「電通だけではなくて博報堂もプレゼンに呼ぼう」という流れができたのだ。そのことでビジネスをものすごく広げたわけだ。恣意的にカテゴライズすることで、他を排除したり、機会を拡大することができる。

すでにみんなが知っている言葉と並べると、それだけでイメージの底上げができ

みんなが知っているものと並べる

本当は

電通・博報堂・ADK
10 ： 5 ： 3

↓

「電博」で並べると

電通・博報堂
5 ： 5 に見える

る。まるでもう一方と同じくらいメジャーなものだと錯覚させることができるのだ。

まだあまり世の中で広まっていないことで、相手がわかってくれるかどうか心配なときも、「みんなが知っている」ものと並べるといいだろう。

今、「ラクサス」というカバンの使い放題サービスのお手伝いをしている。ようするに「カバンのサブスク」である。月々7000円ほど払うと、シャネルやエルメス、ヴィトンなど高級ブランドバッグを毎月自由に使えるというサービスだ。

これをメディアに紹介したいときどう説明するか。

「今世の中ってサブスク戦国時代って言わ

れてるんですよ。知ってます？　音楽も全部サブスクだし、映像コンテンツのサブスクもある。そしてついにブランドバッグのサブスクもできたんですよ」と。

音楽のサブスクはiTunes、コンテンツのサブスクはNetflix。そんななか「ラクサス」はまだ新しいビジネスだ。それでもこの3つを並べて話すことで、メジャーなポジションだと思ってもらえる。

言葉で「ポジション」を変える

ポジションは、実は「言葉」で変えられる。これはPRの手法でもあるのだが、自分よりメジャーなライバルと並べる、世の中で流行している言葉とつなげることで、そのものの価値の証明ができる。

ポジションは言葉でつくれるし、印象だって変えられる。

ぼくらは「ペイミー」というスタートアップ企業のお手伝いもしている。

「ペイミー」は、給料の前払いサービスを始めた企業だが、世の中にデビューしたときは企業としての立ち位置が不明瞭だった。もっと言うと「貧テック＝貧しい人を狙った商売だ」とか「ペイデイローンの一種」みたいな報道のされ方をしてしまった。しかし、このサービスは日本の若者の働き方を変える可能性があると、ぼくたちは考えた。つまり、お金に困ってもすぐにバイトの給料を引き落とせる状況があれば、日々の労働と支払いに追われないで済む。余裕を持って将来設計をすることで、自分の夢を諦めないで挑戦する若者が増えるのではないか……そんな風に考えた。

そこで、「給与2・0＝働き方改革の時代の稼ぎ方改革」「日本の給料を自由に」という言葉で戦略を打ち立てた。それによって社会が注目し、マスコミによる報道や社長への取材もどんどん増えた。結果として資金調達もうまくいき、企業としての成長も加速した。言葉によってそのサービスの目指す未来や、本質的な価値が明らかになったことで、PRやマーケティングがガラッと変わったのだ。

同じようなことは個人にも起こりうる。周りの人にアドバイスしてくれる人を「お節介な人」と呼ぶと鬱陶しいが「みんなのお母さん的存在」と呼ぶとちょっと甘えてみたくなる。過去の実績にあぐらをかいて普段は仕事しないけど偉そうにしている人を「元カリスマ」と呼ぶと、もう次の出番はなさそうだなと思ってしまうが、「ラスボス」と呼ぶと、いつか最後にはすごい結果を出してくれるのではないかと期待できる。こんな風に呼び名を変えるだけでも、世界の見え方、自分との関わり方は簡単に変わってしまうのだ。

「名は体を表す」という諺があるが、逆に言えば、名前を変えれば本質もそれに引きずられて変わるということもあるのだ。

情緒はデジタルで表現する

恋人に「わたしのこと好き?」と聞かれて「好きだよ」と答えたあと「どれくらい?」って聞かれることよりも難しい質問ってあるだろうか。多くの場合は「世界でいちばん」みたいな根拠のない発言や「大大大大大大大大大好き‼」みたいなテンションで乗り切るくらいしか切り抜け方はないようにも思える。また、人の性格について評価するときも「あの人は優しい」とか、「あいつは冷たい」とか、形容詞一つで終わってしまうことがある。

そこを印象付けるために、簡単な方法を紹介しておこう。

博報堂時代に、先輩に教えてもらった表現の技術の一つとして「情緒はデジタルで表現する」というものがある。

サザンオールスターズの「真夏の果実」の中に**「マイナス100度の太陽みたいに」**という歌詞がある。恋愛に関する感情を表現した言葉として、リアルな言葉ではないのに、これ以上胸に迫るリアリティを感じる表現はないと思う。優しいとか、いい奴とか、悲しいとか、こんな風に曖昧に伝えざるをえない状況は、あえて例え話として数字を出したほうが実感を持って伝えることができるものだ。「めちゃめちゃ優しいんだよ」と言うよりも「体温で表現したら70度くらい」と言うと伝わるし、「とっても綺麗な夜景」より「100万ドルの夜景」と言うとより雰囲気が伝わるだろう。「大大大大大好き！」とテンション高く叫ぶのもいいが、「60兆の細胞のすべてがあなたを愛している」と言ってみてもいい。数学と文学は、それぞれ人間という山を登るための別の道なのだ。

「数学や文学や芸術でもっとも大切なのは、美と感動だと思う」と藤原正彦さんは言っていた。

数字は「比較」をうまく使う——一番になれる場所はどこか？

PRの仕事をしていると、「数字を使う」ことがうまくなる。それも、言葉として数字を使うことで、人々の印象や評価をうまくデザインするために使うのだ。詐欺ではない。ちょっとした言い方の違い、角度や切り取り方の違いで事実の意味は大きく変わる。

まず覚えてほしい手段は、「一番になれる場所」を見つけることだ。

たとえば、日本の陸上競技界で3番目の成績を残しているとする。普通に言えば「3位」だが、ここで自分が一番になれる枠組みを探す。もし、1位、2位の人が、中学から陸上をやっている、というのであれば、「日本人の陸上競技選手の中で大学から陸上競技を始めた人の中で1位」という具合にすればいい。

スポーツ選手は英才教育で10代から始めていないと結果は残せないだろうと思っている人は少なからずいるはずだ。そこで、「大学から」というフレーズで、「スポーツは後から始めても、結果を残すことはできるかもしれない」と思ってもらえれば、そこに価値も生まれるはずだ。

CAMPFIREというクラウドファンディングサービスのPRをするときも、同じ構造で戦略を立てた。一般的にビジネスの指標として捉えられやすい売り上げについては競合サービスのほうが上だった。しかし、クラウドファンディングの本質や、

ＣＡＭＰＦＩＲＥというサービスの目指す未来を考えたら、本当に指標にするべきはその企業が儲かっているかどうかよりも、そのサービスを使っている人のプロジェクトがうまくいっているかどうかだ。だから、ＣＡＭＰＦＩＲＥは「流通総額1位」という指標を重要視し、社会に発表した。クラウドファンディングのビジネスとしては、この数字が1位のほうが意味があるのだ。結果的には投資家や株主の評価がこの発表によって高まったことは言うまでもない。これがＰＲ発想によるビジネス戦略だ。

「一番相手に効く角度から技をかけろ。速度より角度が大事だ」。高校の柔道部の監督に習った極意はＰＲの仕事にも役立っていた。

100万PVのウェブサイトより、100人がTシャツを買うサイトを目指せ

第2章

印象に残る言葉、一生残る言葉をつくる

言葉の究極の価値は、それによって人を動かすこと。現実を変えることだ。ここまでこの章では、言葉に関するテクニックの話をしてきた。だからこそ、この章の最後に、1つだけ言いたいことがある。

SNSのシェア数や「いいね」数やRT数、あるいはウェブサイトのPVといった、デジタル化によって数値が可視化される指標を追っている人に改めて問いかけたい。それはそれで大事なんだろうけど、その意味って本当に考えたことある？

確かに数字が上がれば気持ちがいいし、自分が仕事をしたという実感も手に入れられるだろう。だが、ビジネスのゴールは商品を売ること、お金を儲けること、お客様を喜ばせることである。目の前のモニターで刻一刻と変わる数値を眺めて一喜一憂することでは決してない。

たとえばウェブメディアで、あるニュースを100万人が読んだとする。みんなが「面白い」と思ってバズったとして、そこに何かが残るだろうか？

それよりもぼくは「サイトを見て100人がTシャツを買った」というほうが意味があると思っている。そのTシャツを着ることで、そのサイトの仲間になりたい、彼

らのスタンスを応援したいというマインドの表明だからだ。

4〜5年くらい前だろうか「バズ」という言葉が流行った。多くのクリエイターが「バズらせること」を狙い、SNSでシェアされたりネットニュースで紹介されることを「バズった」と言って大喜びしていた。しかし、**その結果、ぼくらの記憶に、世の中に、そしてそれらを作った人々の手元に、一体何が残ったのだろうか。**

どれだけSNSでシェアされて話題が広がったとしても、それが見た人の心に刺さって行動を変えたり、価値観を変えたりするようなことがなければ、そのコンテンツには意味がない。そのコンテンツが世に出る前と、世に出た後で、何も変化がないコンテンツに存在意義はあるのだろうか。ぼくはコンテンツの価値は、感情の振れ幅で決まると思っている。あるCMを100万人が見たとしても、そのCMのことを誰も覚えていなければ、そこで誰の感情も動かなければ、そのコンテンツは意味がない。バズった動画があったとして、それによって「何かしてみたい」と思うような人が1人もいなければ、その動画の意味って何なのだろうと思ってしまうのだ。

ぼくはインタビューを受けたら、読んだ人が1行でも覚えてくれるように意識して話している。結果的にバズることが多い。そこは自分で設計してやっている。経験則的にどういうことを言ったらバズるかがわかる。パンチラインを意識して発話する。ただ、繰り返しになるが、バズらせること自体はぜんぜん重要ではないと思っている。

だが、昔は「深さ」しか計測されなかった。つまり「買った人数」しかわからなかった。車の感動的なCMがあり、その車が100台売れたら「そのCMのおかげで100台売れた（かもしれない）」という評価だった。

今はそういった広告による因果関係が不明な数字は怪しいから、効果としてカウントしない。「何万回 YouTube が再生された」という数字は確かだから、それが指標になってしまっている。よって、「広がる」ことに価値があると思っている人も多いのだが、それは数値化されているものがPVだったり再生回数だったりするだけだ。

本当に大切なのは「刺さった数」でしかない、というのは昔も今も一緒だろう。よってぼくは「広げる」ということよりも「深く刺す」ということにしか価値を感じない。

その「深く刺す」ときに大いに武器になるのが、言葉なのである。

ニーチェの『ツァラトゥストラはかく語りき』という本がある。ニーチェの生前、この本の第4部は40冊しか出版されていないと言われる。自費出版だ。しかし、その40冊が残って、今では多くの人の人生に影響を与えている。ぼく自身、落ち込んでいるときにこの本の世界に沈み込んだ。超人という言葉に代表される、人間であることを誰よりも自ら背負いながら、人間を超えようとする意志に計り知れない感動を覚えた。それ以来、自分の人生にもっと前向きに、もっと全力で向き合うようになった。

たくさんの人に知ってもらうよりも、一人の人生を変えることにこそ価値がある。一人の人生を変えるものは、他の誰かの人生も変える力がある。そして一人ひとりの人生が変わった先に、社会が変わる、世界が変わる瞬間が訪れる。もしそれを見届けたいと願うなら、まずは、あなたの使う言葉を変えるところから始めるしかないのだ。

第3章

言葉で人を動かす

変化が起きるのが「いい言葉」

その言葉によって、何かが動いたり、何かが変わったりするのが「いい言葉」だ。

ぼくは普段は「いい言葉」という言い方はなるべくしない。なんだかきれいな言葉、美しい言葉、丁寧な言葉と誤解されてしまうのがいやだからだ。どれだけ美しい言葉でも、誰にも届かなければ、何も動かすことができなければ、それがどれだけきれいな言葉だったとしても意味はない。その意味でぼくは「強い言葉」とか「効く言葉」という言い方をよくする。

言葉というものは、結局「変化の触媒」でしかないのだ。

小説家やエッセイストのような表現自体が価値になる仕事でもそうだ。究極的には読んだ人の感情、生活、人生に何か影響を残す、そこに言葉という道具の意味は集約される。**「吾輩は猫である。名前はまだない」**(夏目漱石『吾輩は猫である』)でも**「オレも死なないし、こいつも死なせない……時計を5分進めた」**(村上龍『五分後の世界』幻冬舎)でもいいだろう。こうした表現も、単なる美しさ、面白さ、読みやすさだけではない、何か読んだ人を突き動かすために緻密に設計された強い言葉なのだ。

言葉にすることは「思考を外部に発信すること」である。言葉は外部とつながるための道具だ。たとえば、相手が自分にあまり関心がないときに「ご飯行きませんか？」という、工夫のない単純な言葉で誘ってみる。これはいい言葉だろうか？　おそらく「嫌です」と言われてしまう。ご飯には行けない。現実に変化は起きない。

そこで「すき焼き、お好きでしたよね？」と言えば興味を持ってくれるかもしれない。「今日○○さんが誕生日なんですよ。寿司屋、予約してるので一緒にどうですか？」と言えば、その人は来てくれるかもしれない。「芝にあるトマトすき焼きのお店、ご存じですか？」でもいいだろう。あなたに関心を持ってくれるか、時間を作ってくれる可能性は高まる。なんだっていいのだ。このように、**変化を起こせる言葉が、ぼくの定義する「いい言葉」**である。

「価値」とは何か。それは「変化」の方向と距離だ。その行動、言葉、プロジェクトによって、何かが変わったか。どれだけ変わったか。それだけが価値だ。日本では学生時代に時給換算で働くアルバイトが多いからなのか、労働時間そのものに価値があると勘違いしている人が多い。たとえばセブン‐イレブンでバイトを10時間するとする。そこでは時給が800円なので、8000円もらえる。勘違いしてはいけない。その8000円は働いた10時間がお金になったのではない。10時間の作業によって生まれた労働、そして顧客に対する価値がお金になったのだ。

同じことはぼくらの会社についても言える。GOは世の中のクリエイティブの会社と比べると、価格設定が高いと驚かれる。それでもひっきりなしに仕事がくる。それは、「広告を作ってお金をもらっている」のではなく「作った広告によってクライアントのビジネスが儲かるという変化」を起こすことでお金をもらっているからである。

たとえば、広告制作に1000万円かかるとする。もし、クライアントさんの売り上げが500万円しかなかったら、1000万円も出すことは難しいように思える。しかし、その1000万円が「クライアントの500万円を5000万円にする可能性を持った1000万円」だとしたら、銀行に借りたりして1000万円出す価値を見出してもらえるかもしれない。つまりぼくらは、相手に「作業の対価」をもらうのではなく、「作った成果物がもたらす価値の対価」をもらっているのだ。

「変われるってドキドキ」。２００１年のＴＯＹＯＴＡカローラのＣＭのキャッチコピーだ。いつ聞いても変わらない変化への期待感が語られている。

本章では、変化を起こすための言葉、もう少しわかりやすく言うと、「人を動かす」ための言葉について語っていきたい。

人を動かすときの3つのポイント

言葉で人を動かす。難しいように思えるが、そんなことはない。なぜならば、人は言葉でしか動かないからだ。無意識でやっていることもたくさんあるだろう。ちょっと意識を変えるだけで、ガラリと日常が変わるはずだ。その上で、言葉で人を動かすときの重要なポイントについてまとめよう。

❶目的を明確にすること
❷目的に向かうプロセスを明確にすること
❸主語を複数にすること

まず心がけるポイントはこの3つである。

1つめの「目的を明確にすること」は文字通りである。ただ「動け」と言うよりも「鬼を退治しに行こう」と目的をはっきりさせると動きやすい。犬・猿・キジでもついてくるくらいだ。序章で企業が成長するとき、「何のために」が明確にならないと人は本気になれないという話をしたが、同じことだ。

2つめの「プロセスを明確にすること」について話をしよう。

かつて外資系の広告代理店に勤めていたとき、ぼくが所属していたクリエイティブチームでは、カンヌ国際広告祭で賞を獲ることが至上命題だった。当時、圧倒的な実力を持った先輩がおり、彼のチームは毎年のようにカンヌで賞を獲っていた。しかしぼくが同じように挑戦してもなかなかうまくいかなかった。チームの本気を引き出すことができていなかった。

ぼくと彼の違いは、目的に到達するための「プロセス」を明確化できているかどうかだったのだ。どういうことか。

ぼくはチームのメンバーに**「みんなで頑張ってカンヌ獲ろうぜ！」**と何度も何度も言っていた。それに対して彼は**「ここまで頑張ればカンヌ獲れるぞ」**という言い方をしていたのだ。

「獲ろう」と「獲れる」は2文字違うだけだが大きな違いがある。

彼はカンヌを何回も獲ったという実績と経験があるから、努力の限界を決められるのだ。メンバーに対してむやみに「一緒に頑張ろう」と言うのではなく「これくらい頑張れば獲れるから、ここまで頑張ろう」と線を引くことができる。目的にたどり着くための条件、プロセスを明確に定義付けできるから、努力のゴールイメージが明確になる。マラソンでも何キロ走るかわからない、とりあえずゴール設定なしで走るとみんな面白いように早いタイミングで諦めるようになる。ゴールが明確じゃないとき、人は本気を出すことが難しい。どれだけ遠かったとしても、ゴールがあって、励まし合って支え合うからこそ、人は頑張ることができる。

「鬼を退治しに行こう」だと、どこまで努力をしなければいけないのかがわからない。しかし、「この海の先に鬼ヶ島がある。そこに鬼がいて、5人で立ち向かえば勝てるはずだ」なら、努力量の目安がわかる。成果に対するプロセスを明確化することで、結果的に人の本気さをより引き出すことができるのだ。

3つめは**「主語を複数にすること」**だ。

「鬼を退治してこい」ではなく「一緒に鬼退治しに行こう」と言う。「あなたが退治する」のではなく「ぼくらで一緒に退治しに行く」というように主語を複数にするのだ。視点を**「I」から「WE」に変える**ことが有効なのである。

漫画家の小林よしのりさんが薬害エイズについて問題意識を持って、いろいろな発信をしていたときのこと。会う人会う人「頑張ってください」と言ってくる中で、藤あや子さんという演歌歌手だけが**「一緒に頑張りましょう」**と言ってくれたそうだ。小林さんは藤さんの言葉にすごく救われたそうだ。藤さんの言葉が「I」ではなく「WE」の視点に立っていたからだ。

著者と編集者の関係であれば、編集者が「これ書いておいてください。頑張ってください」と伝えるよりも**「これ、一緒に盛り上げていきましょう！」**と言うほうが著者に気持ちが伝わり、モチベーションも上がるはずだ。

もともと不良だった作家の百瀬博教さんは**「人は言葉でぶっ飛ぶんだよ」**って教えてくれた。いろんなぶっ飛ぶものを知っているであろう人の言葉だけにリアリティがあるよね。

数字の経営より
言葉の経営

言葉で人を動かす上で、もう1つ重要なやり方がある。それは「目標を立てる」というやり方だ。しかし、この目標を立てるとき、多くの人が数字で目標を立ててしまう。数値目標を立てて人を動かそうとすると、だいたい逆効果になることが多い。

「前年同期比売り上げ10%アップを目指そう」

「去年の自分よりも少しだけ頑張っていい1年にしよう」

一体どちらが、行動につながるだろうか。

世の中には数字を上げるために本気で働ける人などいない。自分を変えるために、あるいは家族や仲間といった大切な人、あるいは世の中にちょっとでもいい変化を作るためにのみ、人は本気になれるのだ。売り上げ10%アップも、去年の自分より少しだけ頑張るのも、結局、目指している変化は同じだ。しかし、人のモチベーションはまったく変わってしまう。これが言葉の面白いところなのだ。

ぼくはスタートアップから大企業まで様々な会議に出席する。その際に企業としてのビジョンを「言葉」ではなく「数字」で示す人がいる。しかし、ビジョンとは理想の姿だ。だから、言葉でしか作ることはできない。その企業が存在し活動していくための目的は言葉で表現する。数字で未来のあり方について語っても、それはあくまで「目標」にすぎないのだ。例えるならば、どこに行くかを決める言葉がビジョンであり、目的だ。その目的を管理する指標として数字がある。そんな風にイメージするとわかりやすい。

「目的」と「目標」を勘違いしてはいけない。

「前年比10％増」というのは「目標」であり、「ビジョン」ではないのだ。これでは、チームのメンバーも頑張る理由を見出せない。多くの企業において、業績がアップしたところで、現場の社員の給料が上がるわけではないからだ。企業を強くするために、まず、経営者が取るべきアクションが「ビジョンを決定し、社内に伝えること」だ。

具体的に言うならば、「世界中のすべての人においしい水を届ける」といったその企業が世界に存在する「目的」を示すことだ。すると、仕事の意味が感じられ、頑張る気持ちが湧き上がってくる。この単純な気持ちの変化がいずれ大きな差を生むことにつながる。ビジョンを言葉で共有できれば「今は75％しか普及していないから、あと25％頑張ろう」と思えるはずだ。

水を多くの人に届けるのが「目的」。そのために「あと25％増やす」というのが「目標」である。「北海道に行く」という目的があるから「あと40キロ車を走らせよう」という目標が生まれるわけだ。いきなり「あと40キロ走ってください」と言われても人間は頑張れない。

言葉があると基準もできる。

「22世紀を先取りするような本を出す」と言うと「あー、これまだ21世紀じゃん」とか「これは22世紀だね」となる。言葉があると行動に変わる。

シャネルは「女性を自由にする」という言葉から始まっているブランドだ。だからこそジャージ素材のドレスや、小さなハンドバッグ、セラミックの錆びない指輪など、そのビジョンを実現するようなプロダクトの発想が生まれる。ビジョンがアクションを生み、新しい独自の価値が生まれていくのだ。

「数字の論理」だけではなく「言葉の論理」でも説明することが求められている。
たとえば、この本の表紙を白と黒でシンプルにしたいというときにどう説明するか。「シンプルな本は10万部売れるような本が多いから、白と黒がいい」。これは「数字」だ。一方「この本は圧倒的に余分なものを削って、徹底的に本質のみにしているから、表紙も徹底的にシンプルであるべきだ」。これは「言葉」の論理だ。

数字の論理とは、過去の数字だけを見て判断すること。**言葉の論理とは未来への意志を信じて意思決定すること**でもある。

みうらじゅんは**「過去は終わったことで、未来はわからないこと」**と喝破《かっぱ》した。数字の論理を信じても、言葉の論理を信じても、結局未来の結果がどうなるかなんてわからない。だが、だからこそ、自分たちが思いっきりチャレンジできる、納得して頑張れる、そんな判断をしたほうがいい。

数字の論理より言葉の論理。これは一人ひとりの人生も同様である。
「これからどうなりたいですか?」と聞くと「年収2000万を達成したい」と答え

数字の論理と言葉の論理

数字の論理	言葉の論理
売れているから「白」 （過去を見ている）	こういう方針だから「白」 （未来への意志がある）
あと10％分頑張ろう （頑張れない）	すべての人においしい水を届けよう （頑張ることができる）

る人は多い。しかし、その数字に一体何の意味があるのだろうか。2000万円もなくたって幸福に生きていくことはできる。セブン－イレブンのご飯はおいしいし、服はユニクロで買えばいい。

2000万円というのはあくまでも「目標」だ。大切なのは、何のために2000万円稼ぐのかということで、その目的こそが人を動かす。本気にさせてくれるのだ。

それで「子ども2人を海外留学させたい」という「目的」があれば「2000万円は必要かな？」となる。「東京と軽井沢とニューヨークの3拠点生活がしたい」となったら「5000万円は必要かもしれないですね」となるだろう。人は数字を見せられても本気になれない。人の全力を引き出すのはどこまでいっても言葉で表される目的だ。その目的に対して真剣に生きる人間の力を精緻にコントロールするために数値目標が必要なのだ。

それに数字目標だけを追いかけるとキリがなくなってしまう。2000万円を目的にしている人は、達成したときに「次は3000万円、4000万円……」とするのがオチだ。中身がない数字だけの人生なんて空虚過ぎる。

あなたの人生に意味を与えるのは数字でも、金額でもなく、「言葉」だ。幸せとは何か。生きるとは何か。いずれも自分の言葉で定義しなければ、本当にそれを手に入れることなどできない。あなたの人生、あなたの幸福について、その言葉を因数分解してみてほしい。本当に研ぎ澄ました、あなたがあなたの人生を頑張るためのシンプルな理由を言葉にすることができたら、**きっとあなたは今のあなたが考えている限界を簡単に超えていける**。

ロシアの文豪ドストエフスキーは**「コロンブスが幸福であったのは、彼がアメリカを発見したときではなく、それを発見しつつあったときである。幸福とは生活の絶え間なき永遠の探求にあるのであって、断じて発見にあるのではない」**と言った。幸福が何か自分で定義できれば、そこに向かうすべての道のりが幸福になるのだ。

言葉で相手との
関係を変える

言葉は「関係構築」のツールだということをずっと語ってきた。これを理解した上で、うまく使うと、「関係規定」のために使うこともできるようになるのだ。

仕事を依頼してくれるお客様のことを「クライアント」と言う。依頼主という意味だ。この依頼主と受注者という関係を変えたいと思い、ぼくの会社では仕事を依頼してくれる相手のことを「パートナー」と呼ぶようにしている。このように呼び名を変えることで単なる仕事を与える・受けるの関係ではなく、対等の位置にあり、ともに新しい価値を生み出す関係になるのだ。

ちなみに電通は、クライアントのことを「お得意」、博報堂では「得意先」と言う。同じ広告代理店というビジネスなのに、ちょっとした言葉遣いが違うのが面白い。一部のコンサルタント会社では「支援先」と呼ぶ。「支援先」とはなんとも上から目線に感じるが、彼らの意識を象徴していると言えるかもしれない。

取引先を「クライアント」と捉えるか、「パートナー」と捉えるか。広告会社を「代理店」と捉えるか、「ベンダー」と捉えるか。メディアに取り上げてもらうことを「記事化」と捉えるか、「ご紹介いただく」と捉えるか……。

どの言葉を使うかによって、相手との関係性が全部変わってくる。相手をどう捉え、

「言葉」で相手との関係は変わる

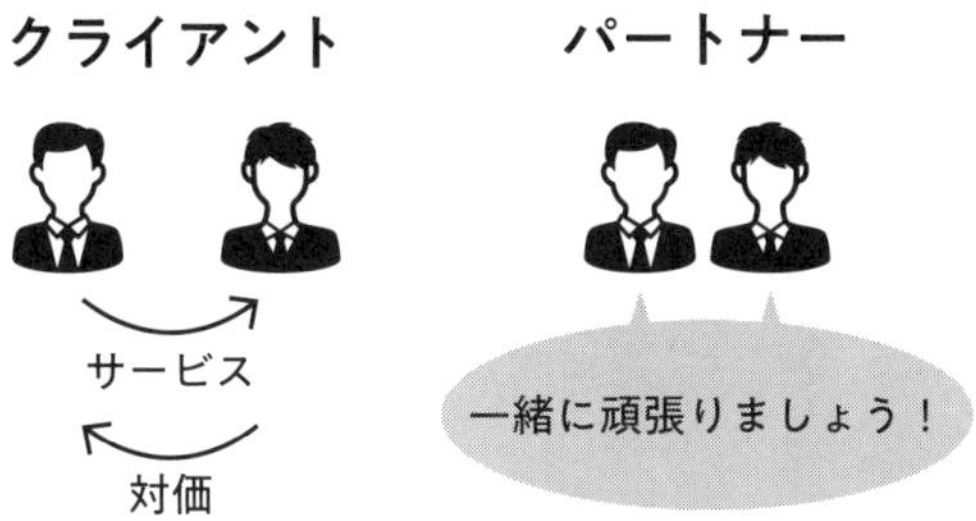

どんな関係をつくっていくかは、言葉の使い方で変わってくる。逆に言えば、言葉の使い方によって相手との関係をコントロールできるようになるのだ。「言葉を見る」のではなく**「その向こうで何が動くか」**を見る必要があるのだ。

「相手をどう規定するか」というのは、「自分にとって相手がどういう存在であるか」ということだ。

ぼくは自社の社員のことを人に話すときに「うちの社員は」ではなく「うちの仲間は」という言い方をする。ちなみに格闘家の青木真也さんは、友だちのことを「ファミリー」と呼んでいる。こういった言葉の使い方を自分の中で意識的にできるようになれば、相手との距離は大きく変わる。

営業マンはお客様のことを名前できちんと呼ぶ人

が多い。

相手の名前を呼ぶことで「相手のことを大切にしている」ということを示せるからだ。「○○さん」と呼びかけた上で「この商品は～」というセールストークを始めたほうが、相手との距離は縮まる。

昔、名前で呼びかけることの効果を検証した「Call Her Name」というプロジェクトがあった。日本人は奥さんを名前で呼ぶ人が少ない。そこで「奥さんのことを名前で呼んでみましょう」というドキュメンタリー仕立ての企画だった。

普段「おいお前」とか「あのさあ」と呼びかけている人に奥さんの名前を呼んでもらう。すると実際に夫婦の関係がよくなるのだ。奥さんの心拍数が上がることもある。言葉は時にものすごく身体的、物理的な力をも発揮して、相手との関係性に影響を及ぼすのである。

「私たちってどういう関係？」と異性に問いかけられたとき、それが2人の関係の本当のスタートであるということは覚えておいたほうがいいだろう。

言葉を変えれば印象も変わる

たった2文字の言葉でも、相手との関係性は大分変わってしまう。言葉を雑に扱うと必ず自分に返ってくるし、言葉を丁寧に使うことで生まれる効果も計り知れない。

広告会社の企画書を見ると「○○のご提案」と書いてあることが多い。「新商品・〝満足野菜〟のプロモーションのご提案」という具合だ。

しかしぼくの会社では、絶対に企画書に「ご提案」と書かないようにしている。それは「ご提案」という言葉はすごく「下から」の印象を与える言葉だからだ。要は「これをやってみたらいかがでしょうか？」というイメージである。

広告会社は下からのスタンスで「提案」という言葉を使う。でも、基本的にぼくらはマーケティングやクリエイティブのプロだ。当たり前だが、この分野では圧倒的に優れた知性・実績・経験がある。だから、我々からは「提案」はしないのだ。提案という言葉を使ってしまうと、選ぶ側に主導権が生まれてしまう。その提案を受けるかどうかを相手の判断に委ねることになってしまう。GOの場合は企画書を提出し、説明しながらも、あくまで我々が伝えることが答えであるという意味をこめて「〜のアイデア」「〜の企画」と表現するようにしている。

また、クライアントさんから「こういう風にしてくれ」という指示があったときに、広告代理店の営業は「お戻しいただいた」という言い方をする。一方でぼくらは、常に対等だと思っているのでそういう言葉遣いをしないようにしている。一生懸命考えたクリエイターに対して失礼だ。

もしその指示を通すとしても「クライアントはこのように言っていますが、ぼくとしては彼の意思を尊重してあげてもいいと思います」といった言い方をする。

同じようにデザイナーなどクリエイターに対して「修正」という言い方もしない。「更新してほしい」「ちょっと別のパターンを見てみたい」と言うようにしている。

「修正」というのは、自分が正しくて、相手が間違っているという前提から生まれる言葉だ。しかしデザイナーは、デザインに関してはぼくより経験がある。仕事ではクリエイティブディレクターであるぼくのほうに主導権があるため違う意見を提案することはあるが「修正」と言うのは失礼だと考えている。

そういった一つひとつの言葉の丁寧さがすごく大切なのだ。言葉の細部に相手へのリスペクトがあるか。それは仕事の姿勢、ひいては品質にもやはり表れてくるものだ。


言葉に対してセンシティブであること。


普段何気なく使っている言葉に対しても繊細であることが重要だ。

ぼくは言葉の使い方について部下に指摘することがよくある。

たとえば、ＰＲの仕事について。ある企業が新しい発表をする。ＧＯとしてＰＲをサポートしているので、そのニュースについて、メディアの編集部に記事掲載をお願いするとき「リリースをお送りしましたが、よろしければご紹介いただけないでしょうか」と連絡することがある。ただ、なかには「記事化をお願いします」という言葉を使う若い部下がいるのだ。「ご紹介いただきたい」「報道していただきたい」「ニュースとして扱っていただきたい」など適切な言葉がいくつもある中で、「記事化」という言葉を使うのは、とても下品だ。そこには「なんでもいいから記事になればいい」

という気持ちが透けて見えるのだ。だからぼくは、ＰＲパーソンが「記事化」という言葉を使った時点でクビにしてもいいとすら思っている。

「バズる」という言葉もそうだが、世の中には本質からズレた下品な言葉が溢れている。「なんでもいいから、目先の結果が出ればいい」と思ってるがゆえの短絡的な思考による言葉がとても多い。

なぜそうなってしまうのだろうか。おそらく、他者への配慮、他者の置かれている立場に対して想像力を働かせている余裕がないのだろう。「明日には数字を見たい」と、とにかく目先の結果を求められる時代だ。企業のＰＲ担当の中にも、プレスリリースを送り付けてきて「明日には記事にしてもらってほしい」と言う人もいる。相手の立場になって考えてみれば、それがどれくらい非常識かわかるだろう。しかし、多くの人は追い込まれており、そこまで気が回らないのだ。目の前の現実に目を奪われてしまい、人として、社会人として、当然すべき配慮が後回しになってしまう。しかし、それは裏を返せば、ちょっとした言葉に気を使うだけで周りと大きな差がつく時代でもある。

たとえば頼んでいた書類が上がってきたら「問題ないです」と言うより**「ありがたいです」「素晴らしいです」**と言ったほうが相手は嬉しいはずだ。

若い人にはとにかくリアクションを大きくしろとも伝えている。直してほしいところを伝えるときも「ここを直してほしいんです」ではなく**「ちょっと一緒に考えたいところがあって」**と言う。これだけで受け止められ方は変わってくる。

まずは一度、相手に対する想像力を働かせてから行動する。想像力のない言葉を使うことは下品なだけではなく、相手を傷つけることにもなってしまう。これは「約束を守る」ということと同じくらい、最低限のモラルだと言えるだろう。

ぼくは言葉を信じている。

毎日毎日牛乳を飲む人は「牛乳がどうしようもなく好き」と言うかもしれないが、「牛乳の価値を信じているから」飲むのだろう。そこに疑いがあったら、毎日牛乳は飲まない。ぼくも言葉の価値を信じている。言葉の使い方に気をつける。当たり前のことだ。
どうしても言葉の使い方が雑な人もいる。そういう人は、言葉に対する「恐怖」が足りない。言葉を発することに対して「怯え」がない。もっと臆病にならないといけない。誰であっても本当に怖い人に失礼な言い方はしないだろう。

言葉というのは危険なものでもある。言葉の威力に怯えなくてはいけない。ぼくたちは全員ナイフを持って、振り回しながら生きている。それくらいのイメージでいたほうがいい。言葉によって人は死ぬ。言葉によって人が生かされるということもある。本当だよ。だから疎かにしない。気を抜いた、考えていない言葉なんて吐けるわけがない。よく政治家が「発言を撤回します」と言うことがある。嘘だ。吐いた言葉は撤回できない。その言葉を発した事実は消えない。その言葉で傷ついた人の心は癒えない。その言葉が変えた世界を受け入れて、必要ならばもう一度変えようと努力をするしかない。

言葉を信じること。そして**同じくらい言葉に怯えることである。**

芥川龍之介は**「人生は一箱のマッチに似ている。重大に扱うのは馬鹿らしい。しかし、重大に扱わねば危険である」**と言った。言葉に対する構え方と同じかもしれない。

だいたいみんな交渉が下手すぎる

交渉が下手な人が多い。というか、交渉が得意な人がほとんどいない。これもまた、言葉の使い方、コントロールがうまくいっていないのだ。

ほとんどの日本人は交渉がうまくない。交渉はお互いの意見をぶつけて、どちらか一方の意見に決めることだと勘違いしているのだ。家を買うときの夫婦間の交渉にしても「私はマンションがいい」「俺は一軒家がいい」というように、意見を出し合ってぶつかり、最後はどちらかが折れて終わる、ということが多い。

交渉の重要な第一歩は「お互いが本当にほしいものは何か?」を明確にすることだ。

たとえば、会社のデスクでバランスボールを使いたいとする。でも、会社から「決められた椅子を使いなさい」と言われたとしよう。

そのとき、あなたはどう交渉するだろうか?

ここで掘り下げるべきは、あなたが欲しているのは本当に「バランスボールそのもの」なのか、ということである。そうではないはずだ。

本当の欲望は「健康になりたい」「元気に仕事をしたい」ということ。であれば、会社には「椅子は使うのでバランスクッションを使わせてほしい」と言ってみてはどうだろう。それでもダメなら定期的に立ち上がって軽くストレッチするのもいい。

二者の利害が対立し合う中で、お互いに本当にほしかったものを探り合うことが、交渉である。そのためには本当の欲望を「言語化」しないとうまくいかない。交渉というと、相手の意見を否定したり、妥協案を探ったりするものと思われがちだが、本来は**「私とあなたが本当にほしいものってなんだろう？」**ということを、確認し合う作業である。最初は暗闇から始まるが、手探りをする中で「お互いにこういうことをしたかったんですね」という部分を見つける。「欲望の輪郭」を探っていく作業が必要なのだ。

交渉は「バトル」ではない。よりよい結論を関係者同士で探す「共同作業」なのだということをまず頭に入れておきたい。その上で、お互いに言葉を投げかけ合い、歩み寄るのだ。

J・F・ケネディは**「恐怖から交渉をしてはいけない。しかしまた、交渉するのを恐れてもいけない」**と言った。交渉は日常にありふれている。恐れるよりも楽しんだほうがいいことは言うまでもないだろう。

「相手のメリット」を言葉にする

もう少し、交渉というものについて話そう。人は交渉する際、どうしても「1つの角度からプッシュする」ことに終始しがちだ。自分の利益をいかに大きくするかしか見えていない。

そうではなく、目の前にある自分の利益の「裏」に、相手にとっての利益もあるということをきちんと説明できているかどうか。ここが大切なのだ。

たとえば、あなたはゴルフセットを手に入れたい。それを奥さんに買っていいか聞く、というシチュエーションを考えてみよう。

ここで「いかに自分はゴルフがしたいか」といった、自分のメリットやゴルフの魅力を主張しても効果はないだろう。むしろ逆効果かもしれない。

「俺はゴルフセットがほしい！」という主張に対して奥さんが「毎月のあなたのお小遣いは4万円のはずだから、その範囲で買ってください」と言ってきたとしたら、その議論はまったく意味がない。これは交渉ではなく、ただの条件の比べ合いでしかない。

そこで、ゴルフセットを買うことで、自分だけではなく相手に何が起こるかを冷静に考えてみるのだ。ゴルフセットを買えば、土日に夫が出かけることが多くなる。すると妻は家で1人の時間が生まれる。夫の世話をしなくてよくなるだろう。

そこで「俺がゴルフセットを買うことで、君にもメリットがあるんだよ。これは俺にとってはゴルフセットだが、君にとっては1人の時間だ。休日に俺がいなくなることで、俺の世話をしなくてもよくなるだろ？　そのために10万円使おうよ」という交渉ができるかもしれない。

自分だけではなく、多角的なメリットを説明できるかどうか。黒と白の間には「無限の空白」がある。「AもしくはB」ではなく、**「AとBの間」の中に絶対に解決策はあるはずなのだ。**

リクルート、LINEから、ZOZOと日本を代表するベンチャー企業でメディアの仕事をしてきた田端信太郎は「Manage」について**「あちらを立てればこちらが立たずの状況を〝何とかやりくりする〟こと」**と喝破している。

「別の理由」をつくる

交渉では「それを通すための理由」をたくさん言葉にしてあげることも大切だ。

GOは、ラッパーのケンドリック・ラマー来日のプロモーションとして、霞ヶ関駅と国会議事堂前駅に黒塗りの行政文書をモチーフにした広告を掲げた。たった2駅に数枚のポスターを掲出しただけでSNSでは嵐のようなニュースになり、ツイッタートレンドを独占し、NHKが取材して番組にしてくれた。普段広告を作るとき、「最短距離で急所を刺す」という言い方をするのだが、まさにそれを実現したプロジェクトだ。この広告を国会議事堂前と霞ヶ関の駅に掲出させてもらうための交渉はけっこう難航した。

日本中に駅はたくさんある。なぜその2駅だけに広告を掲出したかったのか？

そんなことは答えるだけ野暮な話だ。ただ、真っ正直に話しても東京メトロがそれを理解してくれるとは思えない。そこでGOのプロデューサーは「来日したラマーはこの近くのホテルに泊まるので、彼に見せたいんです」という説明をしたのだ。すると、理解を示してくれて、ポスターの掲出に協力してもらえた。

ビジネスの交渉では、先方が「社内で通しやすいような理由」を作ってあげることも大切である。担当者は理解してくれても、その上司が反対するという場合も多い。おそらく「国会に思いを届けたかったから」という理由では、先方はOKを出せなかっただろう。しかし本来とは別の理由を作ってあげたことで、前に進めることができたのだ。

漫画『キングダム』のプロモーションで、表紙を「ビジネス書風」にして話題にしたことがあった。そのときも最初は「表紙を変えるのは無理だ」と言われた。しかし、表紙を変えなければポスターを使った普通のキャンペーンになってしまう。こちらとしてもそこは譲れなかった。

あらゆる交渉の末にたどり着いたのが「これはカバー(表紙)ではなく、帯である」ということだった。「表紙を変えているわけではなくて、広い帯を巻いているんです」

という説明の仕方で納得してもらったのだ。

先ほどのゴルフセットの話であれば、奥さんに対して「俺はゴルフがしたいんだ」と伝えるのではなく「ダイエットをしたいから」という理由を伝えるのも手かもしれない。遊ぶためではなく、健康のために買いたいんだという理由を伝える。

本当の目的は「ゴルフを楽しみたい」だったとしても、そこから攻めるのではなく「ダイエットして健康になりたい」と主張する。「俺が健康で長生きすれば、うちの家族は安泰だ」と奥さんにとってのメリットを説明することにもなる。

双方の事情は異なっていても、「相手の未来」と「自分の未来」が重なる部分は絶対にある。交渉とは「俺にはこれが必要だけど、お前には何が必要なの?」「そして、お前の譲れない部分はどこなの?」ということをすり合わせて、重なる部分を探していくこと。考えをすり合わせて、お互いにとっていい未来に向かっていく、というイメージが持てればうまくいくはずである。

昭和の偉大な政治家、田中角栄は**「世の中は、白と黒ばかりでは無い。敵と味方ば**

かりでもない。その真ん中にグレーゾーンがあり、これがいちばん広い。そこを取り込めなくてどうする。天下というものは、このグレーゾーンを味方につけなければ、決して取れない。真理は常に中間にありだ」

という名言を残している。

鮮やかな妥協を目指す――それは「妥協」ではなく「止揚」である

仕事をする以上、「板挟み」になることはある。

……というよりも、板挟みになることが仕事の本質といってもいい。

先日、若手の広告代理店マンから「クライアントとクリエイターの間で板挟みになっていて、しんどい」と相談を受けた。

仕事というものはあらゆる状況で板挟みになる。広告の仕事をしているぼくなんて板挟みのプロである。つまり、利害やモチベーションの違う各主体とうまく交渉していき、最終的には1つのゴールを目指していく。板挟みの状況をマネジメントすることに楽しみが見出せなければ仕事は難しい。

特に、広告の仕事で重要な板挟みはクライアントと生活者の間で板挟みになる状況である。クライアントは「広告の商品コピーの文字を大きくしたい」と言う。しかし世の中の生活者は商品の名前に興味はない。商品名が大きくなればなるほど、いかにも広告らしくなり、生活者からは嫌がられることがぼくらにはわかってしまう。

そこでぼくらが間に入って調整するわけだ。商品名を大きく表示したいクライアントの思いと、生活者が違和感を感じないサイズの間でバランスをとる。一見どうでもいいことにギリギリまでせめぎ合いをする。これはこれでなかなか面白い知的な仕事ではある。そういう意味では、あらゆる仕事が「板挟み」であり「交渉」でできていると言える。板挟みはデフォルト、つまり前提なのだ。板挟みの状態から着地点をどうやって見つけていくか。そこが問題なのだ。

交渉において妥協はつきものだ。どうしても妥協をしないといけない瞬間がある。そんなときぼくはよく**「鮮やかな妥協」**という言葉を使う。

先ほどお話しした『キングダム』の案件では「表紙を変えることは無理だ」とさんざん言われた。しかし帯を変えるという体裁にしたことで「鮮やかな妥協」ができた。

「表紙を変える」ということに関しては妥協しているが、広い帯を巻いて、そのデザインを表紙と同じように見せられたら、やりたかったことは実現している。先方の顔も立った。

名古屋パルコの「ぜんぶの愛が、世界一」というキャンペーンを手がけたときのこと。そのキャンペーンのことをウェブメディア「ハフポスト」の人に「紹介してほしい」とお願いした。すると「新しいビジネスモデルというよりはあくまで普通の広告だし、名古屋だけで全国的なものじゃないので、ちょっと難しい」とお断りされてしまった。

そこでぼくは、このキャンペーンが「愛の多様性」をテーマにしていることを核に説明した。「愛」と言うと、若い男女のカップルの話になりがちだが、男性同士の愛もあるし、お年寄りの夫婦による「愛」の形もある。そういったことを踏まえて「パルコは多様性社会の踏まえてあらゆる恋愛、あらゆる愛情を応援します」という姿勢を打ち出す企画だった。名古屋にとどまらず日本中、世界中が関心を持っているテーマで、今、メディアが報道し、議論しなくてはいけないテーマであることは明白だった。

一方で「ハフポスト」も、多様性のある社会を実現することを応援しているメディアで、同性愛者の方の発言をよく取り上げていた。

ぼくは一度お断りされたあと、もう一度違うアプローチから説明した。

「今回のキャンペーンで使ったポスターの中に、同性愛者のカップルの方がいます。彼は今回この広告のモデルを務めることに対してすごく葛藤があって、でもそれを乗り越えて、カメラの前に立ってくれました。どうしても伝えたいことがあったからです。そのモデルの方の思いを取材していただくことはできないですか？　今、ハフポストというメディアがやるべきことだと思うのですが」と相談してみたのだ。すると記者の方も「我々が今やるべきことと合致していますね」と言って引き受けてくれた。ハフポストの「社会を対話で前に進めていく」という方針と合致していることを理解してくれた。もちろん、そのモデルの方が、自分が広告に出たきっかけをハフポストで語ってくれることは、名古屋パルコというブランドが持つ、あらゆる愛の形を応援するというメッセージを強く伝えてくれる。

この件も、もともとの「広告を紹介してほしい」という要望からすると「妥協」かもしれない。しかし結果的により高次元な、もっと多くの人にとって意味のある展開になっていった。これもまた「鮮やかな妥協」と言っていいだろう。

媒体の目指している理念と、クライアントの紹介してほしいというニーズの間で板挟みになって、どちらにとってもいいやり方はないかを考え抜いた結果、インタビュー記事といった形で着地し、関係者みんなが得する結果が生まれたわけだ。

「妥協」には折れること、負けることというイメージがある。しかし、関係者全員のメリットになるような鮮やかな妥協ができたとき、それは「負け」ではない。全員にとっての勝利になる。

歴史哲学者ヘーゲルが唱えた弁証法では、AとBの意見が対立したとき、その2つの意見がぶつかり合ってよりよい意見が生まれることを「止揚《しよう》」と呼ぶ。どちらかが完全に譲歩して「10対0」のハッピーを実現するよりも、「6対6」、トータル12のハッピーのほうが、総合値は高くなる。もっと言えば「20対20」のような想像もしないよい成果が生まれることもあるのだ。交渉では一方的な勝ち負けではなく、お互いのメリットを引き出し、より高次元な結果にたどり着くための「止揚」を目指してほしい。

ヘーゲルは**「世界史とは自由意志の進歩である」**と喝破した。安易に妥協せず、止揚することを目指して議論をし続ける先に人間の進歩があるのだ。前向きでいいよな。

「論理」よりも「握手できる」ことのほうが大切

ビジネスでは、よく「論理性」が大事にされるが、実は論理的であることは、あまり大事ではない。「論理的である」ことより「握手できる」ことのほうが大事。「論理的である」ことは握手するための有力な一つの手段でしかない。論理的であることよりも、共感を生むほうが強いことはいくらでもある。理屈で考えたら明らかにAなんだけど、気持ちがどうしても乗らない。結果としてBを選んでしまった。ドラクエ5における結婚の問題を例に出すまでもなく、誰でも思い当たることがあるだろう。

そもそも言葉なんか、全部ウソなんだよ。虚構と言ったほうが正解か。言葉はすべて世界にあるものを「再現」することでしかない。ぼくが言う「コーヒー」という「記号」はコーヒーではない。近代言語学の父、ソシュールは。「シニフィエ（概念）」と「シニフィアン（表記）」という言い方をした。世界に現実として存在するものをイメージに置き換え、それをさらに言葉に置き換える。

現実の存在（世界）↓概念（シニフィエ）↓情報（シニフィアン）
〈具体的には〉　車↓車というイメージ↓車という単語

車を写真に撮って、その写真に何が写っているかを友だちに説明する。この説明と現物の車がイコールになることは決してないのだ。現実がイメージになる時点でいろんな情報が削ぎ落とされ、イメージが単語になる過程でズレてしまう。

言葉自体が現実を圧縮して共有するための再構築ＺＩＰファイルにすぎないのに、その圧縮ファイルに本物も嘘もない。「愛」も「平和」も「会社」も「業界」も、全部ただの記号なのに、それに対して真偽を問うのがしゃらくさいように思う。結局言葉は、道具でしかない。言葉とは、それくらいの認識で付き合ったほうがうまくいく。

「けなして変える」よりも
「ほめて変える」

ぼくのツイッターは、言いたい放題言っているように見えるかもしれないが、あまり炎上することはない。基本的には悪口や他人に対する批判を書かないようにしている。意見の違いがあったとしても「ぼくは違うと思う」といったことをあえて言う必要はない。議論の必要があれば本人と直接話す。公開のSNSというメディアで、しかも限られた140文字で意見を交わす意味を感じない。

先日ツイッターで「ハーフの子を産みたい方に」という広告が炎上した。「着物を着ていると外国人男性にモテるから、ハーフの子を産みたいあなたは着物を着ましょう。着物っていいですよ」というメッセージの広告だ。

もちろん広告表現としては不適切だろう。しかし、この広告は3年前のものだった。それをわざわざ引っ張り出してきて「これは違うんじゃないか」と糾弾することには違和感を覚えた。

「今だったら、こんな広告はきっと実現しない」「世の中は少しずつよくなってきていますね」という捉え方なら理解できるが、過去の広告を引っ張り出してきて糾弾しても誰も得しない。テクノロジーがアップデートをし続けているように、人間のモラルもまたアップデートしているのだ。サブスクリプションで音楽を聴く時代にレコードプレイヤーを拾い上げて不便だと批判するのはバカらしい。純粋に人間の進歩を喜びたい。

SNSの普及によって少しだけ、よくない風を感じていることがある。

今は、社会問題や世の中の矛盾を発見して、SNSで異論を投げかけることで、その人の主張に賛同する人たちが集まり、人気が出ることがある。もちろん世の中に疑問があれば投げかけるのはいいが、行きすぎると社会問題を自分のブランディングに利用しているように見えることもある。例えるならば、町に落ちているウンコを拾い集めて、広場に積み上げて、この町はこんなにウンコがありますよー!!と喧伝《けんでん》するようなものだ。そんなことをしている暇があれば、ぼくは町のあらゆるところに花を植えていきたい。実際に自然が綺麗に配置された町ではゴミのポイ捨てが行なわれることは少ないと言われている。

「攻撃する対象を見つける人生」は、しんどい。世の中の空気を変えたいのであれば、けなして変えるよりもほめて変えていきたい。「こういう広告はダメだ」と指摘するのではなく、「こういう広告は素敵だね」と言えるようないい広告を見つけたい。もっと言えば、いい広告を作っていきたい。批判ではなく賛同、あるいは創造によって、世の中を前に進めていきたい。

ぼくはツイッターやインタビューで攻撃的な発言が多いと思われがちだが、実際には公のメディアで特定の誰かを攻撃したり、否定した発言をすることはない。たとえば、どうしようもない広告があったとしても、ぼくは裏でそれを作っている人の一生懸命さが理解できる。だからよくない広告があったとしても、ただ否定するのではなく、それを超えるいいものを作るという行動で世の中の景色を塗り替えていきたいのだ。

あなたが同僚の仕事で賛同できないものがあったとする。あるいは家庭で配偶者の行動に至らない点があったとする。そのときにただ、攻撃して諫《いさ》めるよりも、それとは違う、あなたが理想だと思えるような仕事、自分の行動で上書きしてほしい。その発言、その行動が自分を、あるいは世の中を少しでも前に進められるかどうか、感情に身を任せて攻撃体制に入る前に一瞬だけ考えてみてほしい。

第4章

言葉で未来を指し示せ

幸せになるためには、一体何が必要なのだろうか。お金？　家族？　仕事の成功？　愛するパートナー？　それとも多くの人にモテたい？　ずっと続けられる趣味があればいいかな？　ＯＫ、どれでもいいし、なんでもいい。こんなことの答えは人数分だけある。

「お金儲けって泥沼だからな……」って悲しそうな顔で語った大富豪にも会ったことがあるし、「怖いよ、もうやめたい……」って膝を抱えながら震えてる格闘技の世界チャンピオンも知ってるし、「私なんて生きてる意味ないんです」って泣いていた国民的アイドルもいた。

幸せは難しい。それが何かわからないのに、そこにたどり着きたいという思いだけがついつい先走ってしまうからだ。それがあるのか、ないのか、わからないのに黄金の国ジパングへ漕ぎ出した大航海時代の船乗りたちがいた。彼らは最終的にアメリカ大陸にたどり着いて、そこを一つのゴールとした。

この話から学べることは一つ。ゴールとは、探し続けるものではなく、自分たちで決めるものということだ。これがゴールである。これがジパングである。これが私たちが目指していた場所だと。

そう。だから、あなたが幸せになりたいのなら、最初にしなくてはいけないこと、それは自分の幸せが何かを決めることだ。そしてそれは何で決めるのか、もちろん言葉でしかない。

あなたが幸せになるためにも「言葉」を使いこなす必要があるのだ。

今の日本は平和で、多くの人が衣食住には困らない生活を送ることができる。普通に生きるためには、お金もそれほど多くはいらない。ブランド物の洋服も海外のスポーツカーもいらない。ミシュランの三ツ星レストランも行かなくたって幸せになれる。

モノは満たされた。

では、すべての人が「幸せ」なのかというとそうではない。モノが満たされても、幸せな人とそうではない人がいる。最近は20代の起業家が増えている。彼らと話すと特徴的なことがある。彼らは「いい服を買おう」とか「いい車に乗ろう」などとは思っていない。それよりも「世界をもっと便利にしたい」「世界中の困っているお母さんを助けたい」など社会をよくするための具体的なビジョンを見つめている。それが彼らにとっての「幸せ」なのだ。

彼らは、自分なりの幸せを「言葉」で定義している。誰かに与えられた、スポーツカーを乗り回してブランド物のバッグをたくさん並べるような漠然とした成功者のイメージに惑わされることはない。

現代において幸せになるには、誰もが自分なりの幸せを「言葉」で定義しておく必要がある。仕事を必死に頑張らなくても、最低限の衣食住が手に入る時代である。だからこそ、自分にとっての幸福の具体的なイメージを自分で決めておかないと、仕事を頑張る理由を見失ってしまう。

逆に「頑張らないといけない」という思い込みに苦しんでいる人も多い。そういう場合は、胸を張って、頑張らないと決めたっていい。みんなが銀座のクラブや高級な寿司屋に行く必要はない。コンビニのサンドイッチとコーヒーでもぜんぜん幸せになれる。値段は100倍違う。しかし、その差が100倍以上の幸福につながるかどうかは受け取る人間の感覚次第だ。どちらであっても幸福に生きていくことはできる。

だからこそ、自分の幸福を定義している人は「強い」。

他人や社会の要請に惑わされずに、自分が目指している自分なりの幸福に進んでいける。

普通に暮らしても生きていける世界で、「誰かを幸せにしたい」「後世に名前を残したい」「アレだけは手に入れたい」といった自分なりの欲望、幸福の形が見えている人は迷わない。ブレることもない。だからこそ速く、遠くまで行ける。自転車レースでは車体が安定しているほど、トップスピードを維持できるのだ。

「俺たちはみんなドブの中にいる。だけどそこから星を見上げている奴らもいるんだ」。オスカー・ワイルドのこの言葉を覚えておいてほしい。

最後の章では、自分を支え、変えていくための言葉について、ぼく自身の話を交えながら、綴っていきたい。

いつだって
ぼくを支えてきたのは
言葉だった

第4章

言葉で未来を指し示せ

言葉は人を殺すことができる。
逆に言葉で生かされることもある。

「仕事で煮詰まったとき、どうしてるんですか？」と聞かれることがある。この問いに対する気の利いた答えをぼくは持っていない。仕事で煮詰まっていないときなど、ただの一度もなかったからだ。

ぼくは2007年に博報堂に就職。マーケティングプランナーとしてキャリアをスタートした。その後、PR局に異動。TBWA／HAKUHODOに出向。そして独立し、GOを立ち上げた。クリエイティブディレクターとして仕事を続けている。13年間のキャリアにおいて、ただの一度も、「有利な条件の仕事」をやったことがない。「予算がない」「納期がない」「知名度がない」。いちばん多いのは「前例がない」というやつだ……。常に、不利な条件、絶望的な状況から始まる仕事ばかりだった。「桶狭間」が日常茶飯事の人生だった。考えてみれば当たり前だ。広告の仕事の本質はアイデアによる問題解決だから、クライアントが自分たちのこれまで積み上げてきた常識やその業界の知識だけではどうしようもなくて困り果てたとき、ようやくぼくたちに声がかかる。当然最初はぼくだって頭を抱える。

そういうときいつも、自分を鼓舞する言葉を思い出す。

たとえば、ライムスターというラップグループの**「モッてるやつに、モッてないやつがたまには勝つ唯一の秘訣、それが工夫」**という歌詞。「工夫・アイデア次第」でこの状況も切り抜けられるはず、と、不利な立場の自分を鼓舞してきた。

『アイシールド21』というアメフトの漫画に出てくる言葉も忘れがたい。身体能力に恵まれなかったチームリーダーの蛭魔というキャラクターは常に仲間たちに言い聞かせる。**「ないものねだりしてるほど暇じゃねえ。あるもんで最強の闘い方探ってくんだよ、一生な」**。リゲインやレッドブルの500倍くらい効く気がする。

こういった言葉をお守りのように胸に忍ばせている。アイデア、工夫、クリエイティビティ、言い方はなんだっていい。答えはあるし、どんなピンチでも生存ルートは必ずある。そう信じることができる。

言葉は麻薬だ。

誤って使えば身を滅ぼすが、うまく使えば自分をポジティブに勘違いさせることですごいパワーを引き出すこともできる。「やるぞ、やるしかないんだ」と思える。自分のエネルギーにもなる、踏み出すきっかけにもなる。世界の違う見方を見つけられる。この麻薬のいいところは依存症状はあるものの、副作用がない。何より安価だ。自分で生み出すことだってできる。

言葉を変えることで、自分自身の仕事への向き合い方も変わってくる。

最近、転職のことを「ジョイン」と言うらしい。

たとえば、ぼくが働いていた大手の広告会社でも3〜4年働いて、スタートアップに転職する人がいる。彼らは「ベンチャーの○○社にジョインする」という言い方をすることが多い。大きい会社から無名の新しい小さな会社に入るというのはよく知らない人からすると「格が落ちる」ことに見えるのかもしれない。しかしそこを「転職」と言わずに「ジョイン」と言えば、転職する個人と、受け入れる企業が対等であるように感じるわけだ。周りに自分をよく見せることもできるし、自分のテンションも上がるだろう（実際、本質的には、転職する企業と、個人の価値は対等だから、これまでの転職市場のような上下関係が成立していたことのほうがおかしいとも思うが）。

現代は、フェイスブックやツイッターなどを介した「プロフィール検索社会」だ。自分の履歴書をどう完成させていくか。「博報堂から○○社に転職」と書くよりも「博報堂から○○社にジョイン」と書いたほうがなんかいい感じがする。端から見たらカッコつけているように見えるかもしれないが、自分としては「対等なパートナーとして合流したのだ」と自分自身を納得させることができる。仕事への取り組み方だって変わるかもしれない。

ぼくが博報堂で若手のプランナーとして働いていた頃は、労働時間を制限するとか、健康経営とかいう概念がまだなく、今となっては呆れるほどの捨て身の姿勢で働いていた。大げさではなく、飲み会や会食などプライベートの用事がない平日に、日付が変わる前にオフィスを出たことはなかった。そんな生活を10年くらい頑張り続けられたのも、自分で自分が頑張ることのできるストーリーを作り上げ、自分で信じ込むことで士気を高めていたからだ。

今思えばなんだか恥ずかしいような、それでも可愛らしいような自分自身のストーリー設定なんだけど。

２００７年に「ＰＲＩＤＥ」という格闘技団体が、アメリカに買収されてなくなってしまった。当時「ＰＲＩＤＥ」はものすごく勢いがあって、テニスにおけるウインブルドンのような、その競技における最高のアスリートが世界中から集まる空間だった。ぼくは高校生の頃からほとんどの大会にライブで足を運んでいた。そんな日本を代表するエンターテイメントであり、ぼくの青春の記憶そのものが、資本主義市場とメディアビジネスの様々な事情によって、アメリカに買収されて日本から影も形もなくなってしまったのだ。

ぼくは、ちょうどそのタイミングで博報堂に入社した。「ＰＲＩＤＥがなくなった年に、コンテンツビジネスの世界に俺は足を踏み入れた。ＰＲＩＤＥのような日本のカルチャーの復興を託されたんだ」と思い込んだ。勝手なもんだ。でもその勝手な思い込みがぼくのケツを10年以上叩き続けてくれている、ありがとうＰＲＩＤＥ。大学生の頃、憧れていたそのＰＲＩＤＥの最後のエースと10年後親友になったみたいな物語もある。

「人生は素晴らしい、戦う価値がある」

これはヘミングウェイの言葉だ。

言葉を使って思い込む。

言葉によって未来を定める。

言葉によって自分を拡張する。

「そこそこ頑張って部長になる」と思うのか「会社のあり方を変えるポジションにつく」と考えるのか。

言葉によって「姿勢」も変わる。人生そのものも変わってくるはずだ。


思考に気をつけなさい、それはいつか言葉になるから。

言葉に気をつけなさい、それはいつか行動になるから。

行動に気をつけなさい、それはいつか習慣になるから。

習慣に気をつけなさい、それはいつか性格になるから。

性格に気をつけなさい、それはいつか運命になるから。

——マザー・テレサ

未来をつくり、
過去を変え、
現在を強くする

こんな話を知っているだろうか。

ケネディ大統領が、NASAに訪れたとき、オフィスの掃除をしている人に話しかけた。「君たちは何をしているんだ?」と。ある男は「掃除しているんだ」と答えた。もう1人の男は「人類を月に送るプロジェクトを手伝っています」と答えた。

より楽しく、やりがいを持って仕事をしているのはどちらだろうか。答えは明白だ。より大きな目標、意義深いビジョンを語ることによって、今の仕事の意味も変わってくる。どれだけ小さな作業でも、社会にとって大きな意味のある仕事の一部と感じられるかが重要だ。

博報堂に入って最初にした仕事は、環境省の「チーム・マイナス6%」というプロジェクトの企画書の目次を作ることだった。そのときぼくはなんでこんなことやんなきゃいけねーんだよ、という気持ちを押し殺すために積極的に勘違いした。「企画書の目次を作る」と思うのではなく「日本の環境を改善するプロジェクトの最初の1ページ」を作っていると思い込むことで自分を奮起させたのだ。「自らの仕事をどう定義するか」で打ち込む姿勢はガラッと変わる。まぁ、それでも誤字が多くて当時の上司にはめちゃめちゃ苦労をかけたけど。

ビジョンを語ることは「言葉で未来をつくる」ということだ。

未来を言葉にすると、同時に自分の「現在」の意味を言葉で補うことができる。つまり、現在の自分をより強くすることにつながるのだ。どこに向かうのかもわからずに、ただ歩を進める人と、「あの山に登るんだ」と決めた人の歩の進め方は違う。後者の「一歩」のほうがより力強いはずだ。

そして、言葉は何より「過去」の意味をも変えうる。

「あのとき失敗した」と思うのではなく、「あのときにいろいろ学んだ」「挑戦した」と思うことで「現在」が変わってくる。過去の出来事を「失敗」と捉えるのか「学び」と捉えるか。自分が飛躍するために必要なバネだったと考えるか。それだけで生き方が変わってくる。

ぼくは広告代理店に入ったら、クリエイティブの部門に行きたいと思っていた。しかし配属されたのはマーケティングの部門。初めはけっこうショックだった。同僚がクリエイターを名乗り、派手な広告を作っているのを横目に、地味な調査やデータ分析の仕事をずっとすることになった。不本意だったし、このまま地味な仕事に生きていくしかないのかと絶望したこともある。

しかし今、GOを立ち上げて、クリエイティブディレクターとして新規事業の開発や組織改革など、これまでのクリエイターがやってこなかった新しい分野の仕事を手がけている。起業して1年で30～40％の会社が廃業すると言われているが、おかげさまで、まだ潰れていない。それどころか、20人以上のチームで、成果を出し続けている。それができているのは、当時の博報堂のマーケティングセクションで学んだことが大きな武器になっているからだ。マーケティングの理論をわかった上で、意識的にクリエイティブができるという能力は大きなアドバンテージになっている。マーケティングに配属されたことを当時は「屈辱的」で「不遇」なことだと捉えていた。しかし結果的には、その過去こそが現在の自分の武器になっている。当時、鼻っ柱だけ強くて、絵に描いたような勘違いをしていたぼくに付き合って、向き合って、諦めないでいてくれた当時の上司、先輩たちは今でもファミリーだと思っている。怒鳴られたことさえ、今となっては愛おしい。

過去を美化している？　もちろんだ。過去の出来事を単なる屈辱や後悔として終わらせることもできるが、現在の自分の思考を切り替えて、過去に新しい意味を与え、「今を戦い抜くための武器」として再生させることもできる。そして、過去の意味を変えることで、現在がより強く美しいものになる。今という瞬間はあらゆる過去の果てにたどり着いた、大切な、かけがえのない瞬間だと実感できるだろう。


博報堂時代、3か月ぐらい会社を休まざるをえない時期があった。

発端はあるブロガーに「三浦の仕事はステマ（ステルスマーケティング＝消費者に宣伝だと気づかれないように宣伝行為をすること）だ」という記事を書かれたことだ。記事の内容は半分以上が嘘だったが、「ステマの主犯格」という濡れ衣を着せられ、休職のような形にさせられてしまったのだ。

記事を書かれたこと自体もすごく屈辱的だったが、3か月も仕事がないと、人は簡単に心を病むものだ。「もうこの業界で復帰できないのではないか」「復帰してもクリエイターではなく、バックオフィスを担当することになるのではないか」と絶望した。

この事件は大企業に所属している自分のリスクを感じるきっかけにもなった。

博報堂は大企業であり、平たく言えば「減点主義」の文化だ。勤め続けたとしても、この先会社がぼくのことを大事にすることはないだろう。一緒に働くみんなはやさしいのでトラブルの後すぐに扱いが変わるということはなかったが、将来的には大きなビハインドになると感じていた。

また、報道に間違いが多かったにもかかわらず、会社は右往左往していた。それが博報堂という組織自体に対する失望につながった。一方で「個人と企業がインターネットを通じて互角に向き合う時代が来ているんだ」と感じたのだ。であれば大企業の中で周りに配慮して遠慮しながら生きていくよりは、ダイナミックに自分の意志を自由に発言できる場所で戦おう。そう思った。

もしあの事件がなかったらもっと博報堂で長く働いていた可能性もある。当時は本当にしんどい思いをしたが、事件があったからこそ入社して10年という、早いタイミングで独立できたとも言える。今思えば「あのことがあってよかった」、そう思えるようになったことで、過去の意味を「変える」ことができたのだ。

言葉を選ばずに言うと、当時はそのブロガーを本当にぶっ飛ばしてやりたいと思っていた。しかし、もし今彼に会ったら「あーどうも。あんたのせいで大変でしたよ。まあ、結果よかったですけどね」と気軽に挨拶できる気がする。

ちなみに、当時よく相談に乗ってくれていたのが放送作家の鈴木おさむさんだった。「これを機に博報堂辞めちまってさ、あんときあの事件のおかげで博報堂辞められてよかったって言える日がくるよ」と言ってくれた。

ぼくの早稲田大学の同級生で六本木の有名なキャバクラ嬢だった女性がいる。今は大手商社に勤める男性と結婚して穏やかな家庭を築いている。子どもは2人いてめちゃくちゃ可愛い。パートナーには昔のバイトの話はしていないらしい。この間久々に会ったとき、「色々あったもんな、後悔しているか」と聞くと、**「あれはあれで必要な過去」**と爽やかな笑顔で答えてくれた。この言葉も、最近よく思い出す、支えとなった言葉だ。

ある時点では屈辱的だったり、ピンチであっても、努力を積み重ねたり、解釈の仕方を変えたりすることで「必要な過去」に変えていくことはできる。どんな過去だってこうやってあとから意味を変えることで「成仏」できる。すべての経験は未来にとって必要な素材でしかないのだ。

過去は変えられる。それを変えるのは、現在を生きるあなただ。

人生の指針になる言葉を持て

世界が変化するスピードはますます加速している。ぼくが闘っている広告ビジネスの世界も大きく変わろうとしている。変わり続けている。そんな激しい濁流の、台風で荒れ狂う河のようなこの世界で、ぼくが曲がりなりにも仕事を続けていられるのは、言葉を強く持ち続けているからだ。それはナイフであり、エナジードリンクであり、薬であり、そしてそのどれよりも強力なものだ。

今までにも、それなりにピンチはあった。決して恵まれた環境で育ったわけではない。そんなぼくのこれまでを支えてくれた「人生の指針」になっている言葉をいくつか紹介したい。もしかしたらどれか1つくらいは、あなたにも役に立つかもしれないから。

まずは**「答え合わせはまだ先」**という言葉から紹介しよう。

この業界に12年いて、3回か4回ほど業界で生きていけなくなりそうな瞬間があった。お金のトラブルに巻き込まれたり、業界の大物と刺し違えることを覚悟して待ち伏せしたこともある。大きな声では言えないが、女性にまつわるトラブルも経験した。

第4章

言葉で未来を指し示せ

「あれ？　俺のキャリア、もう終わっちゃうのかな？」というシーンが何度もあった。

しかし今もこうして生き残って仕事ができている。ありがたいことに、GOも会社として絶好調だ。ただ来年、再来年はどうなっているかわからない。会社が潰れているかもしれない。ぼくの存在が忘れられたり、交通事故や糖尿病で仕事ができなくなっているようなこともないとは言い切れない。逆に言えば、今ぼくが元気に仕事をしているということだって、過去の絶体絶命な状況から振り返ったら、ある意味、人生には何度でも逆転があることを証明している。

いいときも、悪いときも、その瞬間が人生の結論ということは絶対にない、答え合わせなんて、死ぬその瞬間までできない。笑って死ぬるか、泣きながら死ぬのか。そのどちらが正しいのか、今の時点でわかるわけがない。

仕事が順調だと、迂《う》闊《かつ》に調子に乗ってしまいそうなときもある。そういうときこそ**「いや、答え合わせはまだ先だ」**と自分に言い聞かせている。もちろん調子が悪いときも同じだ。「いや、答え合わせはまだ先だから」と思い直して立ち上がるための力を蓄える。何度だって手のひら返させてやるから見てろ、待ってろ。お楽しみはこれからだ。

「答え合わせはまだ先」。この言葉は立ち上がるきっかけにもなれば、頭《こうべ》を垂れる戒めにもなる。この本も売れたら嬉しいけど、売れなかったとしてもどうということもない。本が出た。意味のあることが書いてある。誰かが読んでくれる可能性がある。今、このページをたまたま立ち読みしているあなたが、10年後、この本をバイブルに世の中で何か意味のあることをするかもしれない。それだけで十分だ。答え合わせはまだ先だ。

「まだ始まってもいねぇよ」という言葉もよく口にする。

今でもたまに思い出す。10年ほど前に博報堂の若手社員だったとき、同期の仲間と、毎週のように深夜営業の六本木のスタバで語り合っていた。27時まで仕事してからの集合だったから、ほとんど朝である。

同期入社は100人くらいいたのだが、そこに集まったのは、たった5人だった。仕事に自分の人生をかけると決めたような変わり者がいて、最初は嫉妬や競争心で反発し合っていたのが何年かたっていつの間にか毎週深夜に語り合う仲になっていた。

それぞれ現場で必死に仕事をしていた。アウトプットの質も、仕事に向き合う姿勢も、他の社員とは段違いだと自分たちでは思っていたが、周りから見たらそんなことわかるわけもない。要は無名の若手クリエイターがアルコールを摂取するほどの勇気も、翌朝の余裕もないままに集まっていただけだ。会話の内容は呆れるほど抽象的で漠然としていて、しかも答えがない。そんな無駄話を毎週やっていたんだから当時は忙しい風で実は暇だったのかもしれない。いや、体力が無限だったのだろうか。

「俺たちって、これからもずっとこんな感じなのかな？　いつかは何者かになれるのだろうか？」

……ということをずっと話していた。どれだけ働いても自分の名前が出ることもない。世の中で話題になるような大きな仕事にかかわることもない。かかわったとしてもあまりにも末端にいる。そんな仕事に対する不満、もっと言えば不甲斐ない自分への不安を語り合い、傷を舐め合い、焦燥感をごまかしていたのだ。

その深夜から早朝にかけてのコーヒータイムで、答えも明るい未来も見えないまま

に、翌朝の打ち合わせに向けて解散するとき、決まって結論としてお互いに投げかけ合っていた最後のセリフが、

「俺たち、もう終わっちまったのかなぁ」

「まだ始まってもいねぇよ」

というものだ。

これは北野武監督の映画「キッズ・リターン」のラストシーンのやりとりだ。2人の高校生が主人公で、1人はボクサーに、1人は極道の道に進む。結局、ボクサーの道も、ヤクザの道も中途半端に終わってしまい、最後には2人ともボロボロになってしまう。自転車に二人乗りしながらこの会話が交わされる。映画において、本当に素晴らしいラストシーンは必ず何かの始まりを描く。この映画のラストシーンは完璧だった。この何者かになろうとして、何者にもなれなかった2人の若者に、自分たちを重ねていた。物語は終わらない。

あの頃からもう10年がたった。博報堂は今では深夜残業を禁じている。ぼくはGO

という会社を経営している。他の4人のうち1人は転職を繰り返してある大手の外資系エンタメ企業のトップの席にいる。そしてあとの3人は博報堂のマーケティングやクリエイティブのそれぞれのポジションのリーダーになっている。今でも2か月に1回は集まって、ラップ縛りのカラオケをしたり、地方のおいしい寿司屋を巡ったりしている。

ぼくらの人生は始まっているのだろうか。ぼくらがこいでいる自転車はあの頃より少し前に進んでいるような気もするが、何者かになれたとはまだ思えない。いまだに本当に「まだ始まってもいねえよ」って感じだ。そう言えば六本木のスターバックスは2019年9月に深夜営業をやめてしまった。2020年の何者かになりたい若者はどこで、まだ始まってもいない自分の立ち位置を確認すればいいのだろうか。ぼくの人生はいつになったら始まるのだろうか。そんなことを考えながらこの原稿を書いている。夜明け前がいちばん落ち着くのはあの頃と何も変わっていない。

人生の目的を
言葉にせよ

第4章

言葉で未来を指し示せ

あなたは「人生の目的」を、ハッキリと言葉で定義できているだろうか?
ぼくはあるときから「人生の目的」を言葉で定義している。
ちょっと恥ずかしいが、この際だから書いてしまおう。

「人類にとって、最も大きな問いを解く人間になりたい」

これがぼくの人生の目的だ。ちょっと何を言ってるのかわからないだろう。少し具体的な話をしよう。最近、パラリンピックについてよく考える。パラリンピックが始まった瞬間のことだ。近代オリンピックが始まってしばらくたった1988年のソウルオリンピックより、パラリンピックは正式名称になり、2000年のシドニーオリンピック開催中に、オリンピック開催直後に同じ国で開催されるルールになった。
ぼくは、パラリンピックの創設者に憧れる、嫉妬といってもいいかもしれない。こんなに素晴らしいアイデアを思いつき、実現したパワー、そしてそれが実現するまでの奔走と、実現した瞬間の熱狂を思うと胸をかきむしりたくなるのだ。

パラリンピックがまだ世になかったとき、おそらく、こんなやりとりがあったのだろう。

「オリンピックもいいんだけど、どうしてもアスリートの大会という性格上、マイノリティである障がいを持った人は楽しめない。彼らを巻き込んだ企画ができないかな」

「開会式で各国のフラッグを持ってパレードしますよね。あれに障がいのある方も参加してもらうのはどうですかね？」

「うーん、いいけど、もう少し、本格的に参加してる感じにできないかな」

「これは、けっこう大変ですが、いいアイデアがあります」

「聞かせてくれよ」

「障がい者の方だけのオリンピックを開催するというのはどうでしょうか」

「なんと……」

「それは障がい者をエンタメにしてるだけだ。まして、怪我などしたらどうやって責任を取るんだ」

「そもそも障がい者と一口に言ってもそれぞれ問題も違う。一般のアスリートのように統一ルールを作るのも難しいぞ」
「全部わかった上で、言ってますよ。それはこれから考えることだ。今話し合わなくてはいけないのは、やるべきか、やらなくてもいいか。そして、今決めなくてはいけないのは、やるか、やらないかでしょう？」

……みたいな会議があったはずだ。その後、いくつもの奇跡と、初期の提唱者であるグットマン博士をはじめとした何人かの偉人による奔走の日々があり、今、パラリンピックは誰もが知っているように世界の常識として、オリンピック同様、世界中のアスリートが目指し、スポーツファンが熱狂する国際的なイベントになっている。パラリンピックほど多様性を表現し、キレイ事ではなく多くの人々を巻き込み、その意識を変え、国際的なビジネスとして成立させているプロジェクトはない。ぼくにとって、パラリンピックは最高の企画であり、最高の広告でもある。世界中に多様性がいかに必要か、そしてそれが普通のことであると、嘘なく圧倒的な強度で伝えている。

もう10年くらい提唱し続けている、ぼくのクリエイターとしての哲学がある。

「作品をつくるのではなく、現象を起こすことが仕事」というものだ。パラリンピックほど、新しい現象になったプロジェクトもない。

パラリンピックのような、人類社会を少し前に進めるようなプロジェクトをできる限りたくさん仕掛けていきたい。究極的にはそこがぼくの成功者像である。だからプライベートジェットも買わないし、女優と結婚することもない。この途方もなく大きくて漠然とした欲望をなんとか形にしたい。その思いを抱えながら、ぼくはクリエイターという職業を続けている。自分の人生の目的のために、今の仕事を選び、GOという企業を立ち上げた。

これがぼくの場合の人生の「目的」である。

自分の人生の目的は何か？　これは自分にとっての幸せとは何かを考えることに近い。人生を通じて自分自身を幸せにすることができたら、あなたの人生は達成したと言えるだろう。だからこそ自分の人生の目的を明確にできている人は強い。時代が不透明であっても自分なりの指針があれば、迷わずに生きていけるだろう。

企業のマーケティングにおいても同じことが言える。社内で議論し尽くし、独自の

KPIを設定し、社員に浸透させられている企業は成長が早い。どこを目指せばいいか、何をすればいいかが明確だからだ。

では、自分の人生の目的を定義するにはどうすればいいだろうか？

まずは「何をしているときがいちばん楽しいか」を考えることだ。自分の人生を振り返ってみて、自分がいちばん楽しかった、素直に笑えた瞬間を思い出してみるといい。あなたの人生で、いちばんテンションが高くなった瞬間を思い出せ。見つけ出せ。「会社で賞を獲ったときよりも、お客さんにありがとうと言われたときが嬉しかった」とか「奥さんと結婚したときに、奥さんの親にありがとうと言われたのが嬉しかった」ということであれば、「ああ、俺は感謝されるのが好きな人間なんだな」とわかる。

これまでの人生の様々な経験を振り返ってみて、その共通点を探ってみると自分の幸福のポイントが見えてくるはずだ。あとはその幸福を実現するために、人生を通じて成し遂げたい目標を言葉にすればいいだけだ。

「地球から無駄な自然破壊を少しでもなくす」

「妻と子どもが笑顔で過ごせる家庭を作る」

「自分の生まれ育った山形県の人々を応援したい」

なんだっていいんだ。綺麗事である必要もない。あなたの心の奥底から出てくる言葉ならね。


会社であっても、目的がハッキリしているところは強い。

ぼくの会社「GO」の場合は「クリエイティブの力で、企業と社会のあらゆる変化と挑戦にコミットする」を目的と定めている。GOにとってクリエイティブは、単なる「オシャレなデザイン」でも「気の利いた美しいキャッチコピー」でもなく、**「非連続な成長を生み出すための思考法」**と定義している。この考え方に共感するクリエイターがGOに集まることで、世の中のクリエイティブについての認識が変わることになるだろう。その日が来るまで、ぼくたちは走り続ける。自分たちが掲げたGOサインを下すことは決してない。

もちろんGOの目標も、ぼくの個人的な人生の目的も、今後、変わっていく可能性もある。だが、今、この変化の時代を生き抜く上で、**「まずはこの信念を一回信じます」という覚悟**が、ブレずに加速し続ける強さに変わるのである。

まずは自分たちの信じる道を、進むべきベクトルを言葉で定義する。個人であっても、企業であっても、ビジョンがないと成長しようがない。鈍化し、いずれは止まってしまう。生活に困らないだけの収益を得ることができると、そのあとは、企業も個人も、次にどこを目指していいのかわからなくなってしまうからだ。

あなたのビジョンは何だろうか？　人生の目的は？　将来の目標は？

目的地は言葉で定義しなければ、たどり着けない。「ニューヨークに行く」と決めない船がニューヨークに行き着くことは決してない。

「時代が求めていなくても俺達はここにいただろう、時代が微笑まなくても俺達は笑い飛ばすだろう」（タワーレコードの広告より）

会社のビジョンと個人のビジョン

会社は誰のものか？　よく言われる問いかけだ。株主？　消費者？　社員一人ひとり？　正解は、会社や個人の信条にもよるから一概には言えない。社会で共有されている大きな問いかけに原則論で答えても仕方ない。だが、確実に言えるのは、会社のビジョンや目的を決めるのは、経営者である。

そうすると、働く個人の立場で困るのは、会社のビジョンと自分のビジョンが異なる場合はどうすればいいのだろうか？ということだ。「仕事を辞めたい」という問題の多くは、この部分のすれ違いだ。

答えは3パターン。1つはシンプルに「辞める」ということ。自分のビジョンと重なるビジョンを掲げる企業だってきっとある。我慢して組織にしがみつく必要なんてない。ただ現実的には、会社を辞めないで折り合いをつける方法だってきっとある。

もう1つは、その会社を、自分の目指すベクトルを強化するための「勉強の場所」と捉えることだ。もちろん「自分のビジョンと合っている会社に入る」のがいちばんだが、入ってから自分の目指しているビジョンと違うと気づくこともある。その場合は「学びの場」だと割り切ればいい。その会社で力をつけた上で、転職したり独立したりすればいいだろう。そこで学んでいるうちにビジョンに共感することもあるかもしれない。人は変わる。変わってしまう。さらに言うと会社だって変わってしまう。だからこそ、次の手段だって考えられる。

最後の1つは自分が会社のビジョンを決定できるポジションについて、その会社の思想や立場を変えていき、自分のビジョンと重なるような会社に変えることだ。その企業が大きければ大きいほど、変えることは難しいが、その分変わったときの社会的インパクトは大きい。自分のビジョンを社会において実現する上で、いちばんの近道が大企業で出世して、その企業のビジョンを変えることなのかもしれない。

最も有名な例だと、ユニクロは「服は服装の部品である」という企業哲学を持って大量生産・大量消費の20世紀型のテクノロジーで急成長し、世界的なアパレル企業になったが、この2年くらいで、急激にサステナブル（ファッションにおける持続可能性）を掲げる企業に変貌しようとしている。これまでのユニクロとはあまりにも違う方向転換だが、いざというときには、それくらいの速度で身を翻すことができるのが日本的大企業の強みという可能性もある。時代が変化するのに合わせて企業のあり方が変わる。それはもしかしたら日本社会の変化の象徴になる可能性もある、その変化の当事者になることは人生の使い道としては決して悪くないだろう。

恋人にこう言われたことがある。

「人が変われるという事実こそが、人間にとって最大の希望だ」

言葉は
人生を突破する
ヒントになる

言葉の最大の価値は、何と言っても、自分の人生の意味付けを変える力だ。あらゆる人生の様々な局面で言葉をうまく使うことで、困難を打開したり、あるいは背中を押してくれるときがある。

たとえば「リスク」という言葉がある。

「会社を辞めたいがリスクがあるから辞められない」「あの株を買うのはリスクが高すぎて買うことができない」など、「リスク」という言葉そのものに怯えて、身動きが取れなくなってしまう人もいる。

しかし、「リスク」と「デンジャー」は違う。日本語の熟語の「危機」と「危険」という日本語に置き換えて、並べてみるとよくわかる。「危機」という言葉には、「機会」（チャンス）の「機」が入っていることに気づく。リスク（危機）はコントロール可能なものだ。投資の世界では「上ぶれリスク」という言葉もある。「リスク」は「不安定」ではあるが、それ自体が「危険」ということはない。それが危険になるかどうかはリスクの乗りこなし方で変わってくる。

リスクは「危機」。デンジャーは「危険」。
「危険」からは逃げるしかないが、危機は「危機管理」という言葉もあるように、管理できるものでもあるのだ。回避も可能だし、最小限のダメージにすることもできる。

こんなエピソードがある。

ハンバーガーへの異物混入事件を覚えているだろうか。まさにマクドナルドが経営の危機に瀕したと言っても過言ではない事件だ。当時。ぼくはＴＢＷＡ＼ＨＡＫＵＨＯＤＯという博報堂系列の外資系クリエイティブの会社にいたのだが、その危機のタイミングで、ブランディングやリスク対応のＰＲを担当させてもらうことができた。当時、マクドナルドはある大手の広告代理店が長年にわたり担当していたのだが、その異物混入事件のニュースを見て、大至急マクドナルドの役員にアポイントを取った。プレゼンの景色は今でも覚えている。ホワイトボードに大きく「危機」と書き、そこに「デンジャー＆オポチュニティー」と書き加えた。そして「これを企業として大きな信頼を獲得するチャンスと捉えるべきだ！」と伝えた。先方は「あなたたちが私たちを救ってくれるかもしれない」と思ってくれたのだろう、案件をすべて引き受けさせていただくことになった。

リスクというのは、コントロール可能、マネジメント可能なもの。そこで勇気を持って踏み込んでいけば、チャンスに変わることもある。それがリスクだ。**「斬り結ぶ太刀の下こそ地獄なれ一足踏み込めそこは極楽」**と、過去の剣豪はよんだという。

デンジャー＝危険からは逃げなければいけない。ただ、それがリスクであるならば積極的に近寄っていって、チャンスに変えて勝ち取るべきだ。あらゆる「デンジャー」な状況を「リスク」だと思えるか、言葉を駆使して正確に捉えることが大切なんだ。

たとえばぼくがテレビの番組に出ることはデンジャーだろうか？　リスクだろうか？

もちろん、テレビに出ることで批判されることもあるだろう。しかしその一方で、知名度が上がって本が売れるかもしれないし、新しい仕事がくるかもしれない。

デンジャーに思えるものをリスクとして捉え直すことができるかどうか。それがこの不確定な時代を生きていく上で重要なことだ。世界の捉え方、現象の意味の解釈の仕方、いずれも言葉の使い方でしかない。

同じような例で、「ピンチはチャンス」ではなく**「ピンチはクイズ」**というのもある。日本を代表するクリエイティブディレクターの佐々木宏さんの言葉だ。どんなピンチだってそこは頭を使えば切り抜けられる。この言葉一つ知っておくだけで、自分の人生の窮地を面白がれるようになる。楽しんでくれ。

独立も「デンジャー」ではなく「リスク」にすぎない

リスクについては、その中にあるチャンスをきちんと見つけてマネジメントする。これがリスクとの正しい向き合い方だ。

ぼくの人生におけるちょっとしたリスクの話をしよう。博報堂という大企業を出て自分でスタートアップを立ち上げることは、一般的にリスクだと言われる。「失敗したらどうするの?」と何度も聞かれた。

しかし、ほとんどの人が危険だと思い込んでいるから動けないのかもしれないが、大企業からの独立、これは典型的な「リスク」でしかない。決してただ「デンジャー」なだけではない。リスクである以上、マネジメント手段はいくらでもある。当然、成功する可能性も、失敗する可能性もある。そして、失敗する可能性を減らすことは努力で何とかできる。

危険な状況を「これは危機だ」と捉え直す。つまりデンジャーな状況をリスクだと捉えると、意外な角度から生存ルートが見つかったりする。じゃあその中にどれくらい「機会」があるかを冷静に分析すると、意外にたくさん見つかるはずなのだ。

本書の主旨からは少しズレるが、ぼくが独立しようと決めたとき、どう「危険」と「機会」を分析したのかをお話ししたい。

「広告業界で独立する」というリスクの中にはどんな機会があるか。

岡康道さんの「TUGBOAT」や佐藤可士和さんの「サムライ」など、博報堂や電通から独立した50～60代の有名なクリエイターはたくさんいる。しかし今、若いベンチャー企業の社長もどんどん増えていて、彼らはそういった巨匠には頼みにくい面がある。だから同年代で独立している人がいたら、彼らの共感を生んでチャンスが生まれるのではないかと考えたのだ。

さらに、スタートアップが調達するお金は今バブル状態にある。若い経営者の中には、大手の広告代理店には信頼できる人間がいないが、自分と同じように独立している若手ならお願いしたいという人がいるかもしれない。

大手がやらないような小規模な仕事をする、ということも「機会」だ。ぼくらは20人の会社なので、2000万円という利益が出たら、それはとても大きい。しかし売り上げが5000億円の大企業にとっては、2000万円の仕事にはなかなか手が回らない。おそらく世の中には、ぼくらのように小回りの利く会社がやるべき仕事がたくさんあるはずだ。それも機会と捉えた。

「博報堂を出る」というリスクの中には、少なくとも今あげたようなオポチュニティー、機会があることがわかる。

では「リスクヘッジ」、つまりリスクを分散させることについてはどう考えていたのか？

それは、たとえば顧客獲得という面でのリスクヘッジとして、博報堂だけではなく電通の人間をパートナーにしたということがある。

運転資金の面でも、10億円を売り上げたら、1億円は必ずまるまる現金として残すようにしている。うちの会社は、固定費や人件費を合わせて月にだいたい2500万円くらいが出ていく。人数が増えて月々の支出が3000万円になったとしても、1億円あれば3か月は生きていける。3か月あればさすがに次の仕事が来るだろう。

また、ぼくらは独立して3年たったときに、電通や博報堂の社員より稼げていなかったら解散しようという約束をしていた。もし解散になったら、パートナーである福本はテレビ局などに転職する。そしてぼくは1人でGOの名前を背負って、福本から発注をもらい続けるというプランだった。1人ならなんとか生きていけるだろうという計算だ。

今、年間の売り上げがだいたい20億円あるため、うちのメンバー20人が平和に豊かに暮らしていくことができている。しかし、もし全員クビになって、ぼくが1人になったとしても、年間3億円は稼げるんじゃないかと考えている。いざとなったら電通や博報堂に戻ることもできるし、どちらかをクビになったらもう一方に行けばいい。広告業界の中で、クロスするように生きていこう。

ぼくらは外部から資金を調達せず、すべて自己資金でやっている。よって、採用に関してはしばらく「会社がなくなっても生きていける人間」以外は採らないようにしている。「うちの会社が潰れたら、こいつ本当やばいだろうな」という人は採用しない。これもリスクヘッジの一つだ。

「3年たって芽が出なかったら解散」という撤退ラインを引いて、撤退後の行動も指針も決めておく。そして本当に会社がピンチになったとしても、1人では路頭に迷ってしまうような人間を雇わないことで、絶対的な苦境に陥らないような状況を整えている。そうやってリスクヘッジをしておけば、リスクはチャンスに変わる。

かなり話がそれてしまったが、「リスク」という言葉を見つめ直すと、その中に「機会=チャンス」が存在することがわかる。

言葉一つとっても、掘り下げて考えてみることで、新しい価値、隠された意味を見つけることができる。どんな理不尽な状況でも思考停止せずに、その中に突破するカギはないか探ってみることが重要なのだ。そのとき、言葉は道を照らすライトであり、壁を打ち砕くハンマーとなる。

「暗闇の中でジャンプする」。幻冬舎の見城徹社長の言葉だ。

ぼくらが
消えたあとに
残るのは
「言葉」だけ

小田和正は**「言葉にできない」**と歌った。

「言葉にできない」は、圧倒的な真理である。

言葉にできないことのほうが、絶対に価値がある。


感動したときの思い、ピカソの絵、素晴らしい音楽、誰かの手のぬくもり、最高の料理、涙が出てくるような風景――。

言葉にできないものこそがいちばん大事だ。


ただし、現実には「言葉にできない」で許されるのは小田和正だけだ。

誰かに何かを伝えたい、共有したい、一緒にどこかへ向かいたい。

そんな願いにも似た切実な思いとともに、人間は言葉を手に入れたはずだ。

言葉にできないことは無限にある、というか、人間の感情、世界の豊かさを伝えるためには、言葉はあまりにも単純で平板だ。しかし、それでも、ぼくたちには言葉しかない。

言葉にできないことを、言葉にすることが、ぼくたちが生まれながらに背負った使命だ。

「書いたこと」「しゃべった話」「残したもの」がその人の「輪郭」になっていく。

ぼくらが消えたあと、世の中に残るのはぼくらが発した言葉だけだ。

すごくシンプルなことだ。物質的なものは風化していく。物質は風や水にさらされて、いつしか絶対になくなる。肉体が土に還り、記憶は人とともに世を去る。

しかし言葉は、人間が生きて、伝承されていく限り消えない。だから人が未来に永遠に残せるものは、言葉しかないと言ってもいい。変化し続ける時代の中で、言葉だけが風化しないのだ。

強い言葉は未来に残り、この星の歴史の一部になる。

「神は死んだ」という言葉は、ニーチェが発して、伝承されてきたものだ。

「資本主義」という概念にしても、その概念が生まれてから何百年もずっと残っている。これから先、何千年も残るかもしれない。

人間の思想や思考、つまり言葉というものは、距離も時間も容易に超えるのだ。

キリストは死んだし、釈迦も死んだ。でもキリスト教は死なないし、仏教も終わらない。むしろ彼らの死後、その思想や考え方はさらに広がっている。

言葉は変化し続ける時代のたった1つの、その価値が変化しない、最強の武器だ。

あなたが生きている間ずっと、そしてあなたがこの世を去った後も、その価値は変わらない。

そして、この武器を、あなたはもう手にしている。

だから、もうあなたは大丈夫だ。

前に、前に進んでいける。

なりたい自分になることができる。


そう、あなたが願うなら。


この言葉を、信じてみてほしい。

そこから、あなたの人生が始まるはずだ。

あとがき

もしかしたら、もう気づいているかもしれないが、この本はあなたのために書かれた。

あなたが今どこで何をしているのか、２０１９年11月11日、誰もいない日曜日の深夜のオフィスでこの本を書いているぼくは、残念ながら知ることができない。

札幌の本屋で立ち読みしているのか。

川崎の図書館で流し読みしているのか。

恵比寿から徒歩15分の友だちの家に置いてあったのを、たまたまパラパラと眺めているのか。

ロンドンに留学に来て、昔の恋人が送別会で渡してくれたこの本を、期待もせずにを開いているのか。

どこにいたっていいよ。あなたがようやくこの本を手に取ってくれたことが大事だ。

ぼくにとって、この本にとって、あなたにとって、そしてもしかしたら世界にとって、すげぇ奇跡なのかもしれない。

この本がテーマにしているのは「言葉」だ。言葉の本なんて、腐るほどある。ありふれている。技術はいくらでも学べる。だけど、どうしてもぼくがあなたに伝えたかったのは、言葉の使い方一つで、人生なんて、いくらでも変えられるってことだ。そして、世界を変える革命も、そのための強い言葉がなければ始まらないってことなんだ。

ぼくは11歳のとき、板橋の団地で絶望していた。貧乏な家の息子として生きていくことに。

ぼくは17歳のとき、九段下の高校で絶望していた。小説家の才能がないという事実に。

ぼくは22歳のとき、博報堂のオフィスで絶望していた。クリエイターとして生きていけないことに。

ぼくは24歳のとき、元旦のリオデジャネイロで絶望していた。8年間付き合っていた恋人と最後までわかり合えなかったことに。

ぼくは30歳のとき、麻布十番のマンションで絶望していた。ネットで無名の不特定多数の人々から無限に批判され、回答する機会さえ持てないことに。

こんな無数の絶望の瞬間を乗り越えて、ぼくは今もこうして原稿を書いている。売れたらいいなってほのかに期待しながら。そして、あなたに必ず届くはずだと、祈りにも似た確信を持って。

こうやって、まだなんとか、生きて、踏ん張って、どうしようもない自分を信じて、クソみたいな世界をどうにかしてやろうと思って、闘い続けていられるのは、いくつもの愛すべき言葉がぼくのケツを叩き、ぼくの涙をふき、ぼくに力を与えてくれたからだ。

ぼくは、間違いなく、言葉に救われて、言葉で闘って生きてきた。だから、いつもいつも人生に頭を抱えて、背中を丸めて、膝を震わせながら、それでも無理して生きているあなたに、この言葉という武器の使い方を教えたいと思ったんだ。お節介かもしれない。自己満足かもしれない。でもこれが、ぼくから言葉への恩返しであり、言葉で救われる人を増やすことが、ぼくのこのくそったれな世界に対する復讐、いや、感謝の宣言でもあるんだ。

あなたは今、どこにいるんだろうか。言葉は難しいよな。だけど、簡単だ。なんて言ったってあなたはもうそれを持っているんだから。

あなたはこれから先、この本に書いてあることを使いこなして、自分の人生を楽しめるだろうか。なりたい自分になれるだろうか。ぼくがその答えを知ることはそうとう難しい。いつだって答え合わせはまだ先だ。だけどね、きっとうまくいく、そう信じてるよ。

いつだって、**「悲観は気分、楽観は意志」**だからな。

また会おう。

文末になりますが、ぼくに言葉の力を授けてくれた人々、作品にお礼を言わせてください。俺たちは、ファミリーだ。

今回、引用の許諾をいただいたFORKさん（ICEBAHN）、Kダブシャインさん、KREVAさん、小田和正さん、桑田佳祐さん、ライムスターさん、呂布カルマさん（アルファベット・五十音順）、ありがとうございました。

竹村俊助さん、福本をはじめGOのメンバーのみんな、お母さん、お父さん、まいこ、鈴木おさむさん、嶋浩一郎さん、辻愛沙子さん、石寺修造さん、松井美樹さん、ライムスター、ザブルーハーブ、般若、クリーピーナッツ、博報堂、ならびにTBWA／博報堂のみんな特に徳野佑樹、牧貴洋あと栗田、切りとれあの祈る手を、刃牙、アイシールド21、ワンピース、花の慶次、週刊少年ジャンプ、青木真也、佐藤大輔、新日本プロレス、フリースタイルダンジョン、ツイッターのフォロワーのみんな、箕輪厚介、佐渡島庸平さん、ツドイの今井さん、少女ファイト、波よ聞いてくれ、見城徹さん、青木ファミリー、暁星のみんな、三摩暢香さん、多根由希絵さん、GOと仕事をしてくれるすべてのパートナーの皆さん、そしてあなたへ。

三浦　崇宏

2019年12月

参考文献

保育園落ちた人「保育園落ちた日本死ね！！！」（2016年2月15日）［https://anond.hatelabo.jp/20160215171759］

小林秀雄著『小林秀雄全作品〈1〉』（岩波書店）

Mummy-D・歌丸作詞　作曲：BACHLOGIC「マイクロフォン」RHYMESTER Victor Entertainment

KREVA・SmithMichaelLarry作詞・作曲「アグレッシ部」Knife Edge

清沢哲夫著『無常断章』法蔵館　1966年

小林秀雄著『モオツァルト・無常という事』（新潮社）

S.SASAKI・D.SAKAMA・J.YAMAMOTO・D.SAKAMA作詞　TOMOYASU　TAKEUCHI作曲「ザ・グレートアマチュアリズム」RHYMESTER　Ki/oon Music.

三浦健太郎著『ベルセルク』白泉社

レイモンド・チャンドラー著『傷痕の街』講談社

「通信速度100倍！次世代通信『5G』とは」読売新聞（2018年3月26日）［https://www.yomiuri.co.jp/fukayomi/20180323-OYT8T50015/］

「自動運転車、2030年には世界で1800万台　関連サービス市場22兆円に」自動運転ラボ（2018年11月24日）［https://jidounten-lab.com/w-autonomous-cars-2030-1800-22］

国立社会保障・人口問題研究所「日本の将来推計人口（平成29年推計）」（出生中位（死亡中位）仮定）［http://www.ipss.go.jp/pp-zenkoku/j/zenkoku2017/pp29_gaiyou.pdf］

「稲森和夫猛語録」PRESIDENT（2013年3月18日号）

シェイクスピア著　中野好夫訳『ロミオとジュリエット』新潮文庫

桑田佳祐作詞・作曲「真夏の果実」サザンオールスターズ
TAISHITA Label Music Co., Ltd.

藤原正彦・小川洋子著『世にも美しい数学入門』ちくまプリマー新書

夏目漱石著『吾輩は猫である』新潮文庫

村上龍著『五分後の世界』幻冬舎

芥川龍之介著『侏儒の言葉』岩波文庫

ヘーゲル著　長谷川宏訳『歴史哲学講義』岩波文庫

オスカー・ワイルド著　西村孝次訳『サロメ・ウィンダミア卿夫人の扇』新潮文庫

Mummy-D・宇多丸作詞　DJ JIN作曲「K.U.F.U」RHYMESTIER 2014
Ki/oon Music

稲垣理一郎・村田雄介著『アイシールド21』集英社

日本パラリンピック委員会〔https://www.jsad.or.jp/paralympic/what/history.html〕

見城徹著『編集者という病』太田出版

小田和正作詞・作曲「言葉にできない」オフコース　1981　EMI Music Japan Inc.

ニーチェ著　氷上英廣訳『ツァラトゥストラはこう言った』岩波文庫

三浦崇宏（みうら・たかひろ）

The Breakthrough Company GO 代表・PR/ クリエイティブディレクター。
博報堂・TBWA\HAKUHODO を経て 2017 年独立。博報堂では、マーケティング、PR、クリエイティブ部門を歴任。PR 戦略を組み込んだクリエイティブを数多く手がける。現在は、様々な業種のプロフェッショナルを集め、新規事業開発から広告まで幅広く問題解決を手がける The Breakthrough Company GO を設立。カンヌライオンズ国際クリエイティビティ・フェスティバルで金賞、ACC 総務大臣賞ほか受賞。雑誌「ブレーン」にて「2019 年注目のクリエイター」に選出される。

言《げん》語《ご》化《か》力《りょく》

2020年 1 月24日　初版第 1 刷発行
2024年 6 月24日　初版第10刷発行

著　者　　三浦崇宏
発行者　　出井貴完
発行所　　SBクリエイティブ株式会社
　　　　　〒105-0001　東京都港区虎ノ門2-2-1
編集協力　竹村俊助（WORDS）
装　丁　　小口翔平（tobufune）
本文デザイン　谷関笑子（TYPEFACE）
編集担当　多根由希絵
印刷・製本　三松堂株式会社
日本音楽著作権協会（出）許諾第 1913830-90 号

ISBN 978-4-8156-0273-4